| www.dongyangbooks.com |

새로운 도서, 다
동양북스 홈페이지에ㅅ ... 요!

홈페이지 활용하여 외국어 실력 두 배 늘리기!

홈페이지 이렇게 활용해보세요!

1 도서 자료실에서 학습자료 및 MP3 무료 다운로드!

❶ 도서 자료실 클릭
❷ 검색어 입력
❸ MP3, 정답과 해설, 부가자료 등 첨부파일 다운로드

* 원하는 자료가 없는 경우 '요청하기' 클릭!

2 동영상 강의를 어디서나 쉽게! 외국어부터 바둑까지!

500만 독자가 선택한

가장 쉬운
독학 일본어 첫걸음
14,000원

가장 쉬운
독학 중국어 첫걸음
14,000원

가장 쉬운
독학 베트남어 첫걸음
15,000원

가장 쉬운
독학 스페인어 첫걸음
15,000원

가장 쉬운
독학 프랑스어 첫걸음
16,500원

가장 쉬운
독학 태국어 첫걸음
16,500원

가장 쉬운
프랑스어 첫걸음의 모든 것
17,000원

가장 쉬운
독일어 첫걸음의 모든 것
18,000원

가장 쉬운
스페인어 첫걸음의 모든 것
14,500원

오늘부터는 팟캐스트로 공부하자!

팟캐스트 무료 음성 강의

▸▸1	▸▸2	▸▸3
iOS 사용자	**안드로이드 사용자**	**PC에서**
Podcast 앱에서 '동양북스' 검색	플레이스토어에서 '팟빵' 등 팟캐스트 앱 다운로드, 다운받은 앱에서 '동양북스' 검색	팟빵(www.podbbang.com)에서 '동양북스' 검색 애플 iTunes 프로그램에서 '동양북스' 검색

⊙ **현재 서비스 중인 강의 목록** (팟캐스트 강의는 수시로 업데이트 됩니다.)

- 가장 쉬운 독학 일본어 첫걸음
- 가장 쉬운 독학 중국어 첫걸음
- 가장 쉬운 독학 베트남어 첫걸음
- 페이의 적재적소 중국어
- 중국어 한글로 시작해

매일 매일 업데이트 되는 동양북스 SNS! 동양북스의 새로운 소식과 다양한 정보를 만나보세요.

instagram.com/dybooks facebook.com/dybooks twitter.com/dy_books

새로운

| 일본어뱅크 |

아나타노 일본어 2

박경연 · 다이쿠 구미코 · 하시모토 노리코 지음

동양북스

새로운

아나타노 일본어 2

초판 2쇄 | 2019년 1월 10일

지은이 | 박경연, 다이쿠 구미코, 하시모토 노리코
발행인 | 김태웅
편집장 | 강석기
편 집 | 신선정, 김효은
디자인 | 방혜자, 김효정, 서진희
마케팅 총괄 | 나재승
마케팅 | 서재욱, 김귀찬, 오승수, 조경현, 양수아, 김성준
온라인 마케팅 | 김철영, 양윤모
제 작 | 현대순
총 무 | 김진영, 안서현, 최여진, 강아담
관 리 | 김훈희, 이국희, 김승훈

발행처 | (주)동양북스
등 록 | 제 2014-000055호
주 소 | 서울시 마포구 동교로22길 12 (04030)
전 화 | (02)337-1737
팩 스 | (02)334-6624

http://www.dongyangbooks.com

ISBN 979-11-5768-361-1 14730
979-11-5768-342-0 (세트)

이 도서의 국립중앙도서관 출판예정도서목록(CIP)은 서지정보유통지원시스템 홈페이지(http://seoji.nl.go.kr)와 국가자료공동목록시스템(http://www.nl.go.kr/ kolisnet)에서 이용하실 수 있습니다.
(CIP제어번호:2018006279)

머리말

일본어를 처음 배우고자 하는 사람에게 어떻게 접근하면 좋을까?
매 학기 초급 강의를 시작하면서 하는 고민입니다. 하고자 하는 의욕이 있는 학생에게는 좀 더 다가가기 쉽지만 필요에 의해 또는 어쩔 수 없이 학점을 취득해야만 하는 상황에서 일본어를 시작하는 학습자를 어떻게 하면 일본어의 매력에 빠지게 할 수 있을지에 대해 생각하게 됩니다.
정확히 25년 전에 일본어를 처음 시작했을 때의 저 자신을 돌아보곤 합니다.
좀 더 효과적인 방법으로 접근해서 좀 더 효율적인 결과를 낼 수 있었다면 좋았을 텐데라는 후회를 늘 하곤 합니다. 지금도 좀 더 나은 일본어 표현을 하기 위한 학습방법에 대한 노력과 고민은 계속되고 있습니다. 시행착오를 거쳐 언제나 조금씩은 발전하고 있습니다. 노력만 하면 잘할 수 있다는 말은 맞습니다. 그러나 같은 노력과 시간을 가지고, 방법을 달리 함으로써 더 나은 결과를 낳을 수 있다는 것도 명확한 사실입니다.
일본어를 처음 시작하는 학습자에게 미치는 여러 가지 요소 중에서 3가지 요인이 결과에 큰 영향을 미친다고 볼 수 있습니다. 이 중요한 3가지 요인은 학습자의 자세, 강사의 능력, 교재의 적합성에 있다고 할 수 있습니다. 강의를 함에 있어서 강사의 능력, 학습자의 노력 여하에 따른 결과도 다르나 우선 교재를 보았을 때 흥미를 유발할 수 있는 교재가 초급 학습자에게는 더욱 중요한 요소가 됩니다.
현대에는 어학 교육에 있어서 과거보다 더욱 시청각 교육이 강조되고 있습니다. 과거와 달리 시청각 매체를 접하는 기회도 많아짐으로써 자연스럽게 시청각 교육이 큰 효과를 발휘하게 된 것입니다. 본 교재는 이러한 시대에 부응하여 듣기 훈련뿐만 아니라 눈으로도 공부할 수 있는 시청각 학습에 초점을 맞추었습니다. 단어의 학습도 그림으로 연상하여 학습할 수 있도록 하고 본문도 네 컷의 만화를 통하여 상황을 설정하였습니다. 혼자서도 공부하고 복습할 수 있도록 본문에 대한 번역과 해설도 첨부하였습니다. 학습한 부분을 활용해 보는 드릴, 연습문제, 게임 등에서도 단어와 본문에 사용된 그림을 다시 사용하여 자연스레 연상하며 복습할 수 있도록 구성하였습니다.
본 교재를 통하여 일본어를 시작하는 모든 학습자에게 바라는 목표를 꼭 이루어 무궁한 발전이 있기를 기원합니다. 지금까지 함께 했던 나의 학생들, 앞으로도 만남을 기다리고 있는 나의 학생들과 이 교재의 탄생을 위해 고통과 즐거움을 함께한 동양문고의 대표님, 김연한 차장님을 비롯한 출판사 가족, 도움을 주신 모든 분들께 진심으로 감사의 마음을 보냅니다.

박경연 · 다이쿠 구미코 · 하시모토 노리코

차례

일러두기

낱말과 표현

각 과에서 등장하는 주요 낱말들을 그림으로 표현하여 쉽고 재미있게 일본어를 외울 수 있습니다.

짤막 대화

본문의 대화를 4컷의 삽화와 더불어 짧고 간결하게 구성하여 학습에 대한 부담을 줄이고 각 상황에 맞는 회화를 익힐 수 있습니다.

본문 설명

회화에서 등장한 문법과 문형을 알기 쉽게 설명하여 중요 표현들을 공부할 수 있습니다.

말하기 연습

각자 역할을 맡아 일본어로 말하기 연습을 하며 앞에서 배웠던 중요 문법과 문형을 응용해 보는 페이지입니다.

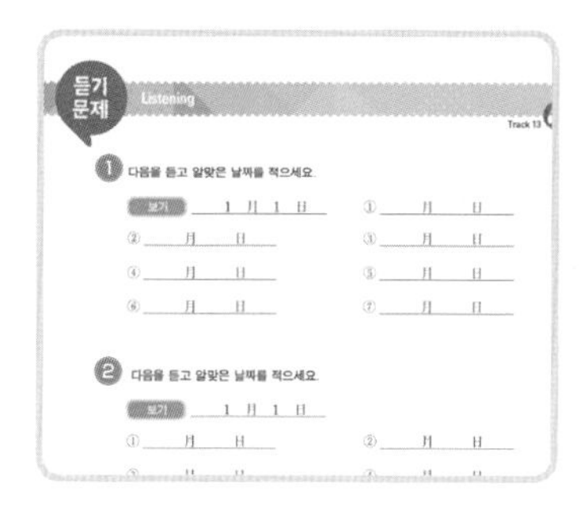

듣기 문제

리스닝 CD 속의 일본인 성우의 발음과 대화를 유의하여 듣고 문제를 풀어 보는 페이지로, 청취력을 높일 수 있습니다.

GAME/COLUMN

쉬어가기 코너로 일본문화에 대해 알아 보고 게임을 통해 재미있게 일본어를 공부할 수 있습니다.

연습 문제

한 과를 마무리하는 페이지로, 다양한 문제들을 풀어 보며 중요 표현에 대한 복습과 더불어 자기 실력을 점검할 수 있습니다.

등장인물 소개

01 **キム ジナ** (김지나)

한국인 유학생. 대학생

02 **ジェレミー ジョーンズ** (제레미 존스)

호주인 유학생. 대학생

03 **지나의 일본 홈스테이 가족**

にしかわつとむ
西川勉 (니시카와 츠토무) 아버지, 회사원

にしかわゆうこ
西川友子 (니시카와 유코) 어머니, 주부

にしかわとおる
西川徹 (니시카와 토오루) 아들, 대학생

にしかわなおこ
西川直子 (니시카와 나오코) 딸, 유학생

04 **지나가 아르바이트하는 곳**

よだつよし
依田強 (요다 츠요시)

점장

05 **일본어학교**

なかざわ
中沢 (나카자와)

일본어학교 교사

アリヤ (아리야)

일본어학교 친구, 타이인

Lesson 01 ジナさんがくれました。

지나 씨가 주었습니다.

Track 02

낱말과 표현 Key Words & Expressions

 **あげる** 주다	 **くれる** 주다	 **もらう** 받다	 たんじょうび **誕生日** 생일
 **ペア** 페어, 쌍, 짝	 **バレンタインデー** 발렌타인 데이	  **ぬいぐるみ** 봉제 인형	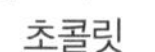 **チョコレート** 초콜릿
 **ドーナッツ** 도넛	 **クリスマス** 크리스마스	 **ゆびわ** 반지	 **おこづかい** 용돈
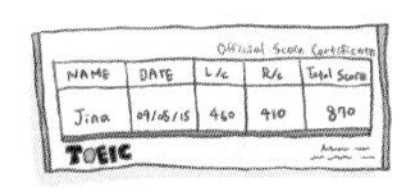 せいせきひょう **成績表** 성적표	 はなたば **花束** 꽃다발	 **ケーキ** 케이크	 ひ **こどもの日** 어린이날

짧막 대화

1 中沢先生　新しいペンですか。
　　　　　　　あたら

ジェレミー　はい、ジナさんがくれました。

2 中沢先生　ジナさんが？ 誕生日のプレゼントですか。
　　　　　　　　　　　　　たんじょうび

ジェレミー　いいえ、でもジナさんとペアです。

③ ジェレミー　2月14日はバレンタインデーですね。私はジナさんにぬいぐるみをあげたいです。

④ 中沢先生　ジェレミーさん、日本では男の人がチョコレートをもらいます。男の人はプレゼントをあげませんよ。

본문 설명

수수동사의 표현

(1) あげる(주다) 나, 타인 → 타인

나 또는 타인이 타인에게 준다는 의미
くれる와는 반대의 입장으로 나 또는 타인으로부터 출발
～に あげる ： (자신이) ～에게 주다
～に ～を あげる ： ～에게 ～을 주다

例 誰(だれ)に あげますか。
私(わたし)は 恋人(こいびと)に プレゼントを あげました。

(2) くれる(주다) 타인 → 나(나의 가족)

타인이 나에게 준다는 의미
あげる와는 반대로 나(나의 가족)에게 물건이 도착
～が (私に) くれる ： (타인)이/가 (나에게) 주다

例 友達(ともだち)が くれました。
恋人は 私に プレゼントを くれました。

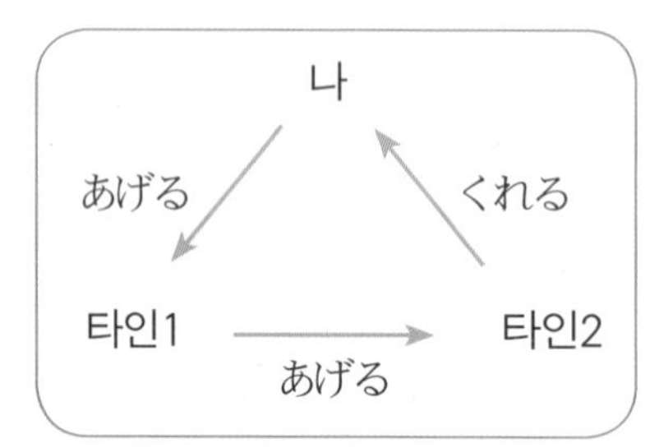

(3) もらう(받다) 타인 → 나, 타인

'～에게 받다'이므로 받는 쪽의 입장에서 사용
문장에서 '～가 주다'로 바꾸어 표현할 수 있다.
～に(から) もらう ： (상대방)에게서 받다

例 この 時計(とけい)は 先生(せんせい)に もらいました。
キムさんに どんな ゆびわを もらいましたか。

낱말과 표현

誰(だれ) 누구 | 恋人(こいびと) 연인, 애인 | プレゼント 선물 | 友達(ともだち) 친구 | 時計(とけい) 시계 | 先生(せんせい) 선생님 | ゆびわ 반지

	나, 타인 → 타인	타인 → 나	나, 타인 ← 타인
하위관계	やる	くれる	もらう
대등관계	あげる	くれる	もらう
존경, 겸양	さしあげる	くださる	いただく

1

A 新(あたら)しい ペンですか。
새로운 펜이에요?

B はい、ジナさんが くれました。
예, 지나 씨가 주었습니다.

例 新しい 時計(とけい)ですか。
- ええ、友達(ともだち)が くれました。

2

A ジナさんが？ 誕生日(たんじょうび)のプレゼントですか。
지나 씨가요? 생일선물이에요?

B いいえ、でも ジナさんと ペアです。
아니요, 하지만 지나 씨하고 페어예요.

例 誕生日の プレゼントは 何(なに)が いいですか。
- プレゼントくれますか。

낱말과 표현

新(あたら)しい 새롭다 | ペン 펜 | 誕生日(たんじょうび) 생일 | ペア 페어, 쌍, 짝 | いい 좋다

3

B 2月14日(にがつじゅうよっか)は バレンタインデーですね。

2월14일은 발렌타인 데이지요?

私(わたし)は ジナさんに ぬいぐるみを あげたいです。

저는 지나 씨에게 인형을 주고 싶어요.

동사 ます형 +～たい ~하고 싶다

飲(の)む (마시다)	飲みたい	飲みたいです	使(つか)う (사용하다)	使いたい	使いたいです
する (하다)	したい	したいです	来(く)る (오다)	来(き)たい	来(き)たいです

例 彼女(かのじょ)に バラの花(はな)を あげました。
- 誕生日(たんじょうび)でしたか。

4

A ジェレミーさん、日本(にほん)では 男(おとこ)の人(ひと)が チョコレートを

제레미 씨, 일본에서는 남자가 초콜릿을

もらいます。男の人は プレゼントを あげませんよ。

받아요. 남자는 선물을 주지 않아요.

男(おとこ) 남자	男の人(ひと) 남자 (男보다 점잖은 표현)	男の子(こ) 남자아이	男性(だんせい) 남성
女(おんな) 여자	女の人 여자 (女보다 점잖은 표현)	女の子 여자아이	女性(じょせい) 여성

例 かわいい 人形(にんぎょう)ですね。プレゼントですか。
- はい、姉(あね)に もらいました。

낱말과 표현

バレンタイン･デー 발렌타인 데이 | ぬいぐるみ (봉제) 인형 | 彼女(かのじょ) 그녀 | バラの花(はな) 장미꽃
チョコレート 초콜릿 | かわいい 귀엽다 | 人形(にんぎょう) 인형 | 姉(あね) 언니, 누나

날짜 읽기(월)

1月 いちがつ	2月 にがつ	3月 さんがつ	4月 しがつ
5月 ごがつ	6月 ろくがつ	7月 しちがつ	8月 はちがつ
9月 くがつ	10月 じゅうがつ	11月 じゅういちがつ	12月 じゅうにがつ

날짜 읽기(일)

1日 ついたち	2日 ふつか	3日 みっか	4日 よっか	5日 いつか
6日 むいか	7日 なのか	8日 ようか	9日 ここのか	10日 とおか
11日 じゅういちにち	12日 じゅうににち	13日 じゅうさんにち	14日 じゅうよっか	15日 じゅうごにち
16日 じゅうろくにち	17日 じゅうしちにち	18日 じゅうはちにち	19日 じゅうくにち	20日 はつか
21日 にじゅういちにち	22日 にじゅうににち	23日 にじゅうさんにち	24日 にじゅうよっか	25日 にじゅうごにち
26日 にじゅうろくにち	27日 にじゅうしちにち	28日 にじゅうはちにち	29日 にじゅうくにち	30日 さんじゅうにち

말하기 연습

＊보기와 같이 이야기해 보세요.

1

보기

A：何(なに)を あげますか。

B：ぬいぐるみ を あげます。

A：誰(だれ)に あげますか。

B：ジナさん に あげます。

①

本(ほん)/ 友達(ともだち)

②

花(はな)/ 恋人(こいびと)

③

おこづかい/弟(おとうと)

④

ケーキ/ 姉(あね)

2

보기

ジナさん に ペン を もらいました。

①

母(はは) /ゆびわ

②

友達/ドーナッツ

③

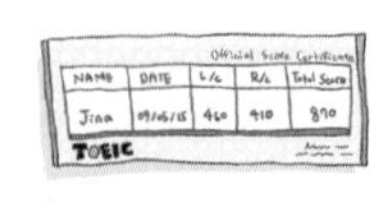

先生(せんせい)/成績表(せいせきひょう)

④

父(ちち)/さいふ

3 보기

A：何月(なんがつ)ですか。

B： いちがつ です。

보기 1月	2月 にがつ	3月 さんがつ	① 4月
② 5月	6月 ろくがつ	③ 7月	8月 はちがつ
④ 9月	10月 じゅうがつ	11月 じゅういちがつ	⑤ 12月

4 보기

A：何日(なんにち)ですか。

B： ついたち です。

① 2日

② 5日

③ 6日

④ 8日

⑤ 14日

⑥ 20日

⑦ 22日

⑧ 29日

듣기 문제 Listening

Track 07

1 다음을 듣고 알맞은 날짜를 적으세요.

보기 1 月 1 日

① ____月____日

② ____月____日

③ ____月____日

④ ____月____日

⑤ ____月____日

⑥ ____月____日

⑦ ____月____日

2 다음을 듣고 알맞은 날짜를 적으세요.

보기 1 月 1 日

① ____月____日

② ____月____日

③ ____月____日

④ ____月____日

3 다음을 듣고 누가 무엇을 받았거나 받을지 올바르게 연결해 보세요.

보기 ジナ •

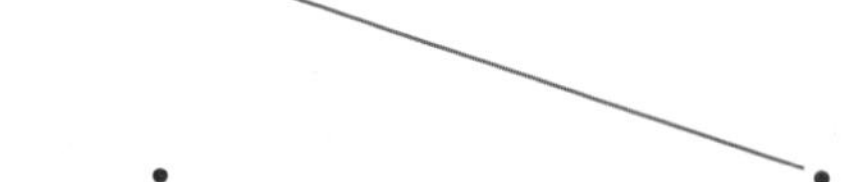

① ポール •

② アンナ •

③ フランク •

④ さつき •

GAME

*아래의 달력을 완성하세요.

4月

SUN.	MON.	TUE.	WED.	THU.	FRI.	SAT.
	1 보기 ついたち	2	3	4 よっか	5	6
7	8 ようか	9	10	11 じゅう いちにち	12	13
14	15 じゅう ごにち	16	17	18 じゅう はちにち	19	20
21	22 にじゅう ににち	23	24	25 にじゅう ごにち	26	27
28	29 にじゅう くにち	30				

컬럼
COLUMN

히나마츠리와 고이노보자

히나마츠리(ひな祭り)는 오히나사마(おひなさま)라는 인형을 장식하여 여자아이가 행복하고 아름답게 성장하기를 기원하는 전통 행사로 해마다 3월 3일에 열립니다. 이는 에도시대(江戸時代)때인 17세기 초부터 일본에서 하던 히나 인형놀이에서 유래한 것으로, 중국의 삼월 삼짇날에 하던 액막이 행사가 히나 인형놀이와 합쳐져 17세기 중엽부터 전통 행사로 정착된 것으로 추정됩니다. 이 날이 되기 며칠 전부터 어린 딸을 둔 가정에서는 갖가지 장식을 한 화사한 히나 인형과 히나 과자, 떡, 복숭아, 복숭아꽃 등을 붉은 천이 덮인 단 위에 올립니다. 당일이 되면 가족이나 사이좋은 친구들을 불러서 맛있는 음식을 대접합니다. 이 날 음식을 나누어 먹지 않거나 단을 치우지 않으면 딸이 혼기를 놓친다는 말이 있습니다. 5월 5일인 어린이날은 옛날에는 단오절(端午の節句)이라고 해서 남자 아이가 강하고 씩씩하게 자라도록 기원하는 날이었지만 1948년에 정해진 국경일 법에 의해서 지금은 남녀의 구별 없이 아이의 건강한 발달을 기원하는 경축일이 되었습니다. 그러나 원래 단오절이었기 때문에 창포탕에서 목욕을 하거나 가시와모치(柏餅)(떡갈나무 잎에 싼, 팥소를 넣은 찰떡)를 먹습니다. 또 남자아이가 있는 집에서는 갑옷(鎧)이나 투구(兜)를 집 안에 장식하여 건강을 기원하고 마당에는 '잉어가 폭포를 거슬러 올라가 용이 되었다'라는 중국의 고사에 기인하여 출세를 기원하는 고이노보리(鯉のぼり)라고 하는 잉어 모양의 깃발을 장식합니다.

Lesson 02

コンビニに行(い)ってもいいですか。

편의점에 가도 괜찮습니까?

Track 08

낱말과 표현 Key Words & Expressions

 **コンビニ** 편의점	 **支払(しはら)い** 지불	 **立(た)つ** 일어서다	 **座(すわ)る** 앉다
 **のどがかわく** 목이 마르다	 **呼(よ)ぶ** 부르다	 **入(はい)る** 들어가다	 **走(はし)る** 뛰다
 **休(やす)む** 쉬다	 **吸(す)う** (담배를) 피우다	 **おく** 놓다	 **とめる** 멈추다, 세우다
 **借(か)りる** 빌리다	 **つける** 켜다	 **開(あ)ける** 열다	 **閉(し)める** 닫다

짤막 대화

1

ジナ　今日(きょう)は暑(あつ)いですね。

ジェレミー　そうですね。のどがかわきましたね。

2

ジナ　あ、ジェレミーさん、あそこにコンビニがあります。

ジェレミー　ジナさん、コンビニに行(い)ってもいいですか。

ジュースが飲(の)みたいです。

Track 09~12

③ ジナ　ジェレミーさん、まだ飲(の)んではいけません。

ジェレミー　え、立(た)って飲んではいけませんか。

④ ジナ　いいえ、立って飲んでもいいですが、支払(しはら)いの前(まえ)に飲んではいけません。

ジェレミー　そうなんですか。すみません。

동사 て형

1그룹 동사	く → いて ぐ → いで	おく(놓다) → おいて(놓고) 泳ぐ(수영하다) → 泳いで(수영하고)
		*예외 行く(가다) → 行って(가고)
	う つ → って る	使う(사용하다) → 使って(사용하고) 勝つ(이기다) → 勝って(이기고) 座る(앉다) → 座って(앉고)
	ぬ ぶ → んで む	死ぬ(죽다) → 死んで(죽고) 呼ぶ(부르다) → 呼んで(부르고) 飲む(마시다) → 飲んで(마시고)
	す → して	話す(말하다) → 話して(말하고)
2그룹 동사	る → て	食べる(먹다) → 食べて(먹고) 見る(보다) → 見て(보고)
3그룹 동사		する(하다) → して(하고) 来る(오다) → 来て(오고)

* 예외 1그룹 동사 : 동사의 형태상으로는 2그룹 동사이나 실제로는 1그룹 동사 활용을 하므로 주의

入る(들어가다) → 入って(들어가고)

知る(알다) → 知って(알고)

帰る(돌아가다) → 帰って(돌아가고)

走る(달리다) → 走って(달리고)

1

A 今日(きょう)は 暑(あつ)いですね。
오늘은 덥군요.

B そうですね。のどが かわきましたね。
그렇군요. 목이 말라요.

例 暖(あたた)かいですね。
- そうですね。もう 春(はる)ですね。

2

A あ、ジェレミーさん、あそこに コンビニが あります。
아, 제레미 씨, 저기에 편의점이 있습니다.

B ジナさん、コンビニに 行(い)っても いいですか。
지나 씨, 편의점에 가도 괜찮아요?

ジュースが 飲(の)みたいです。
주스가 마시고 싶습니다.

～てもいいですか ~해도 괜찮습니까

行(い)く (가다)	行ってもいいですか	使(つか)う (사용하다)	使ってもいいですか
飲(の)む (마시다)	飲んでもいいですか	食(た)べる (먹다)	食べてもいいですか
する (하다)	してもいいですか	来(く)る (오다)	来(き)てもいいですか

例 えんぴつで 書(か)いても いいですか。
今週(こんしゅう)は 休(やす)んでも いいですか。

낱말과 표현

今日(きょう) 오늘 | 暑(あつ)い 덥다 | のど 목 | かわく 마르다 | 暖(あたた)かい 따뜻하다 | もう 벌써 | 春(はる) 봄
コンビニ 편의점 | ジュース 주스 | えんぴつ 연필 | 書(か)く 쓰다 | 今週(こんしゅう) 이번 주 | 休(やす)む 쉬다

3

A ジェレミーさん、まだ 飲んでは いけません。
제레미 씨, 아직 마시면 안 됩니다.

B え、立って 飲んでは いけませんか。
에? 서서 마시면 안 됩니까?

～てはいけません ～해서는 안 됩니다

たばこを 吸う (담배를 피다)	ここで たばこを 吸っては いけません
お酒を 飲む (술을 마시다)	今日は お酒を 飲んでは いけません

例 熱いです。まだ 食べては いけません。
ここで 写真を とっては いけません。

4

A いいえ、立って 飲んでも いいですが、
아니요, 서서 마셔도 괜찮습니다만,

支払いの 前に 飲んでは いけません。
지불 전에 마셔서는 안 됩니다.

B そうなんですか。すみません。
그렇습니까? 미안합니다.

例 試験のとき、カンニングしては いけません。
お酒は 飲んでも いいですが、大きな 声で 歌を 歌っては いけません。

낱말과 표현

まだ 아직 | 立つ 서다 | たばこ 담배 | 吸う 피다 | お酒 술 | 熱い 뜨겁다 | 写真をとる 사진을 찍다
支払い 지불 | 試験 시험 | とき 때 | カンニング 컨닝 | 大きい 크다 | 声 목소리 | 歌 노래
歌う (노래를) 부르다

말하기 연습 Drills

＊보기와 같이 이야기해 보세요.

보기

ジュース を 飲(の)んで もいいです。

① 

かばん/おく

② 

車(くるま)/とめる

③ 

写真(しゃしん)/とる

④ 

ドア/閉(し)める

2

보기

A：テレビ を 見(み)て もいいですか。

B1：はい、いいですよ。どうぞ。

B2：すみません。ちょっと…。

① 

携帯電話(けいたいでんわ)/使(つか)う

② 

本(ほん)/読(よ)む

③ 

お金(かね)/借(か)りる

④ 

窓(まど)/開(あ)ける

❸

보기

A：ジュース を 飲んで はいけませんよ。

B：どうも すみません。

①  たばこ/吸う

②  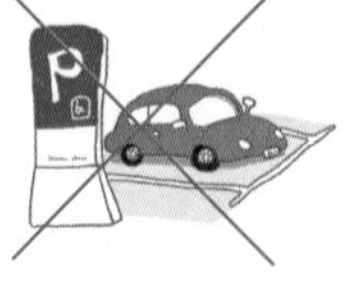 車 / とめる

③  音楽/ 聞く

④  電気 /つける

❹ 보기

立って 飲む/支払いの 前に 飲む

→ 立って 飲んでも いいですが、支払いの 前に 飲んでは いけません。

① お酒を 飲む/たばこを 吸う

→

② 座る/寝る

→

③ 車に 乗る/運転する

→

④ 本を 読む/持って 帰る

→

듣기 문제 Listening

Track 13

1 다음을 듣고 해도 되는 것에는 ○, 하면 안 되는 것에는 ×를 하세요.

보기 (○)

① (　　　)　② (　　　)　③ (　　　)　④ (　　　)

2 미술관에 견학을 왔습니다. 선생님과 학생의 대화를 듣고 해도 되는 것에는 ○, 하면 안 되는 것에는 ×를 하세요.

A (　　　)　B (　　　)　C (　　　)

D (　　　)　E (　　　)　F (　　　)

게임 GAME

*아래 〔테스트 주의사항〕을 읽고 해도 되는 것에는 ○, 하면 안 되는 것에는 ×를 하세요.

テストの注意(ちゅうい)

A. ボールペンを 使(つか)っては いけません。

B. 友達(ともだち)と 話(はな)しては いけません。

C. ノートを 見(み)ても いいです。

D. 辞書(じしょ)を 見ては いけません。

E. 音楽(おんがく)を 聞(き)いては いけません。

F. 時計(とけい)を 見ても いいですが、携帯電話(けいたいでんわ)の 時計を 見ては いけません。

G. ジュースを 飲(の)んでは いけません。

Lesson 03

何(なに)をしていますか。

무엇을 하고 있습니까?

Track 14

낱말과 표현 Key Words & Expressions

打(う)つ
치다, 키를 두들기다

住(す)む
살다

待(ま)つ
기다리다

忘(わす)れる
잊어버리다

ひく
(악기를) 치다, 켜다

泳(およ)ぐ
수영하다

教(おし)える
가르치다

考(かんが)える
생각하다

洗(あら)う
씻다

運動(うんどう)する
운동하다

運転(うんてん)する
운전하다

音楽(おんがく)
음악

たばこ
담배

ピアノ
피아노

庭(にわ)
정원

教室(きょうしつ)
교실

짤막 대화

1 中沢先生　ジナさん、何(なに)をしていますか。

ジナ　友達(ともだち)にメールを打(う)っています。

2 中沢先生　お友達は韓国(かんこく)に住(す)んでいますか。

ジナ　はい、彼女(かのじょ)のメールを読(よ)んで、返事(へんじ)を書(か)いています。

③ 中沢先生　レポートはもう終(お)わりましたか。

ジナ　いいえ、まだ終わっていません。

④ 中沢先生　ああ、そういえば、ジェレミーさんが教室(きょうしつ)で待(ま)っていましたよ。

ジナ　あ、忘(わす)れていました。もう昼(ひる)ご飯(はん)を食(た)べていましたか。

본문 설명

～て いる

'～하고 있다', '～(되)어 있다'의 의미로 동작의 진행이나 상태를 표현

(1) 진행 : '쓰고 있다', '하고 있다', '먹고 있다' 등 현재 하고 있는 동작에 초점

(2) 상태 : 현재 그렇게 되어 있는 상태가 과거로부터 미래로 이어지고 있을 때

진행	상태
手紙(てがみ)を 書(か)いて いる	道(みち)が 曲(ま)がって いる
運動(うんどう)を して いる	車(くるま)が とまって いる
パンを 食(た)べて いる	ピアノを 持(も)って いる

1

A ジナさん、何(なに)を して いますか。
지나 씨, 무엇을 하고 있습니까?

B 友達(ともだち)に メールを 打(う)って います。
친구에게 메일을 쓰고 있습니다.

진행의 ～ている

メールを打(う)っています。 메일을 쓰고 있는 중 (현재 진행형에 중점)

する (하다)	して います (하고 있습니다)
打(う)つ (치다)	打って います (치고 있습니다)

例 先生(せんせい)と 電話(でんわ)して います。
犬(いぬ)が 公園(こうえん)で 遊(あそ)んで います。
日本(にほん)の 友達に 手紙を 書いて います。

낱말과 표현

手紙(てがみ) 편지 | 書(か)く 쓰다 | 運動(うんどう) 운동 | パン 빵 | 食(た)べる 먹다 | 道(みち) 길 | 曲(ま)がる 구부러지다, 돌다 | 車(くるま) 자동차
とまる 멈추다, 세우다 | ピアノ 피아노 | 持(も)つ 들다, 소유하다 | 友達(ともだち) 친구 | メールを打(う)つ 메일을 쓰다, (휴대폰) 문자를 보내다 | 先生(せんせい) 선생님 | 電話(でんわ)する 전화하다 | 犬(いぬ) 개 | 公園(こうえん) 공원 | 遊(あそ)ぶ 놀다

2

A お友達(ともだち)は 韓国(かんこく)に 住(す)んで いますか。
친구는 한국에 살고 있습니까?

B はい、彼女(かのじょ)の メールを 読(よ)んで、返事(へんじ)を 書(か)いて います。
예, 그녀의 메일을 읽고 답장을 쓰고 있습니다.

상태의 ～ている

韓国に 住んで います。 살고 있는 상태 (현재 되어 있는 상태에 중점)

返事を 書いて います。 쓰고 있는 중 (진행)

住(す)む (살다)	住んで います (살고 있습니다)
書(か)く (쓰다)	書いて います (쓰고 있습니다)

例 庭(にわ)に 花(はな)が 咲(さ)いて います。
窓(まど)が 開(あ)いて います。

3

A レポートは もう 終(お)わりましたか。
리포트는 벌써 끝났습니까?

B いいえ、まだ 終わっていません。
아니요, 아직 안 끝났어요.

例 食事(しょくじ)は もう 終わりましたか。
- いいえ、まだ 食(た)べて います。

낱말과 표현

彼女(かのじょ) 그녀 | 返事(へんじ) 답장 | 庭(にわ) 정원 | 花(はな) 꽃 | 咲(さ)く (꽃이) 피다 | 窓(まど) 창문 | 開(あ)く 열리다 | レポート 리포트
もう 벌써 | 終(お)わる 끝나다 | まだ 아직 | 食事(しょくじ) 식사

4

A ああ、そういえば、ジェレミーさんが
아, 그러고 보니 제레미 씨가

教室(きょうしつ)で 待(ま)って いましたよ。
교실에서 기다리고 있었어요.

B あ、忘(わす)れて いました。もう 昼(ひる)ご飯(はん)を 食べて いましたか。
아, 잊어버리고 있었습니다. 벌써 점심을 먹고 있었어요?

~て います (~고 있습니다)	~て いました (~고 있었습니다)
メールを 打(う)って います	メールを 打って いました
待(ま)って います	待って いました
食(た)べて います	食べて いました

例 子供(こども)は 部屋(へや)で 本(ほん)を 読(よ)んで いました。
電話(でんわ)を 待って いました。

낱말과 표현
そういえば 그러고 보니 | 教室(きょうしつ) 교실 | 待(ま)つ 기다리다 | 忘(わす)れる 잊다 | 昼(ひる)ご飯(はん) 점심 (식사) | 子供(こども) 아이 | 部屋(へや) 방 | 本(ほん) 책 | 読(よ)む 읽다

말하기 연습 Drills

＊보기와 같이 이야기해 보세요.

1

A　B

보기A

書(か)いて　います。

보기B

食(た)べて　います。

A
① 泳(およ)ぐ
② 行(い)く
③ 待(ま)つ
④ 住(す)む
⑤ 遊(あそ)ぶ
⑥ 話(はな)す
⑦ ひく
⑧ 走(はし)る

B
⑨ 寝(ね)る
⑩ 見(み)る
⑪ 教(おし)える
⑫ 開(あ)ける

2
보기
勉強(べんきょう)して います。
① 運動(うんどう)する
② 電話(でんわ)する
③ 料理(りょうり)する
④ 来(く)る
3
보기
A：もう 食(た)べました か。
B1：はい、 食べました 。
B2：いいえ、まだ 食べて います。
B3：いいえ、まだ 食べて いません。
① 作(つく)る
② 読(よ)む
③ 洗(あら)う
④ 考(かんが)える

듣기 문제 Listening

Track 19

1 다음을 듣고 알맞은 답을 고르세요.

보기 みています / (きています)

① きいています / ひいています

② もっています / まっています

③ うっています / すっています

④ しています / しっています

2 다음을 듣고 알맞은 답을 고르세요.

보기 (C) ① (　　) ② (　　) ③ (　　)

A

B

C

D

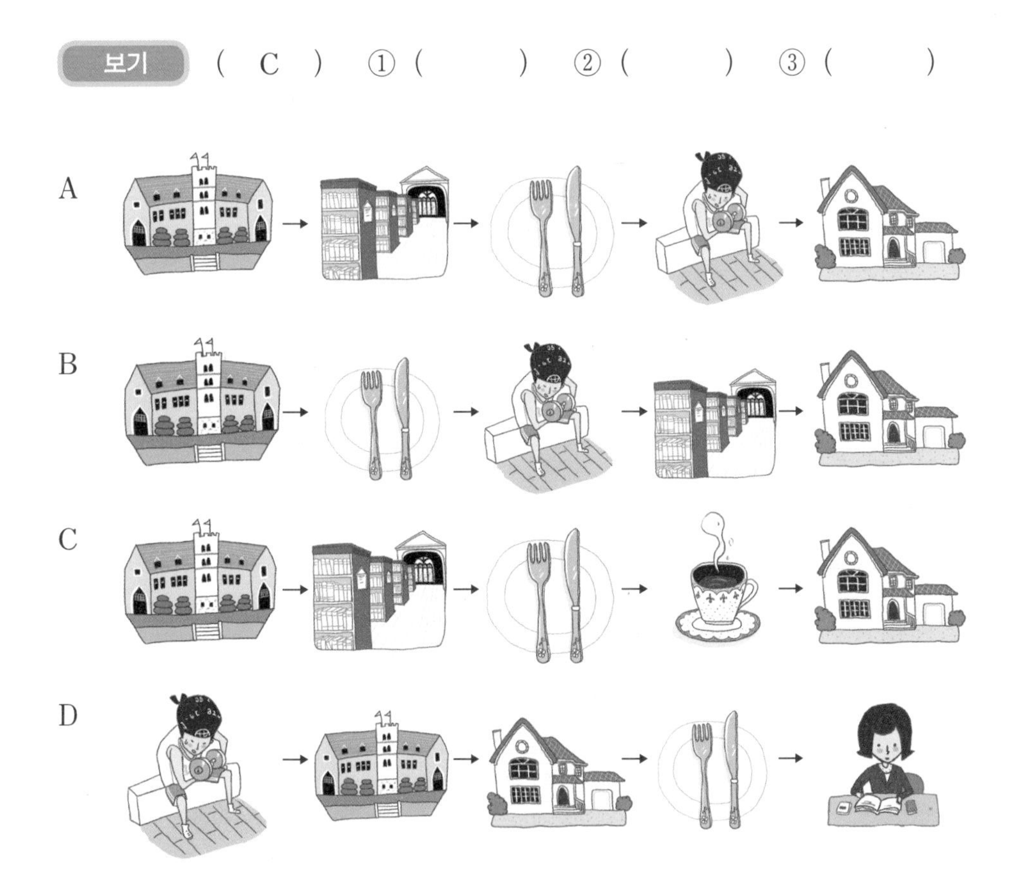

게임 GAME

*그림을 보고 다음 행동을 하고 있는 사람은 누구인지 알맞은 답을 고르세요.

보기 てつやさんは テレビを 見(み)て います。 (C)

① ケビンさんは ハンバーガーを 食(た)べて います。 (   )

② ランさんは コーヒーを 飲(の)んで います。 (   )

③ マットさんは 友達(ともだち)を 待(ま)って います。 (   )

④ ワンさんは ソファーで 寝(ね)て います。 (   )

⑤ メグさんは メールを 打(う)って います。 (   )

⑥ チンさんは 友達と 話(はな)して います。 (   )

⑦ たなかさんは 新聞(しんぶん)を 読(よ)んで います。 (   )

⑧ ユナさんは 音楽(おんがく)を 聞(き)いて います。 (   )

Lesson **04**

口(くち)を開(あ)けてください。

입을 벌려 주세요.

Track 20 

낱말과 표현 Key Words & Expressions

 病院(びょういん) 병원	 食欲(しょくよく) 식욕	 シャツ 셔츠	 熱(ねつ) 열
 風邪(かぜ)を引(ひ)く 감기에 걸리다	 息(いき)をとめる 숨을 멈추다	 注射(ちゅうしゃ)を打(う)つ 주사를 맞다	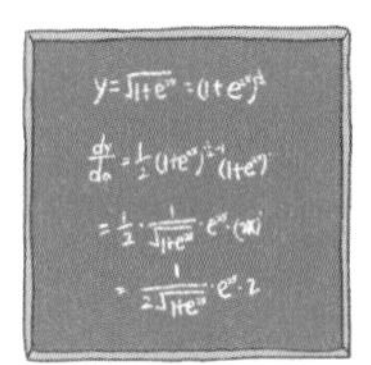 問題(もんだい) 문제
 胸(むね) 가슴	 薬(くすり) 약	 悩(なや)み 고민, 걱정	 検査(けんさ) 검사
 消(け)す 끄다	 笑(わら)う 웃다	 眠(ねむ)い 졸리다	 痛(いた)い 아프다

짧막 대화

1 医者　どうしましたか。

ジェレミー　最近食欲(さいきんしょくよく)がありません。

---

2 医者　では、口(くち)を開(あ)けてください。次(つぎ)はシャツを上(あ)げて。はい、息(いき)をとめて。

ジェレミー　どうですか、先生(せんせい)。風邪(かぜ)ですか。

③ 医者 熱はありませんね。どこも問題ありません。
ねつ もんだい

ジェレミー 胸も痛いです。そして夜も眠くないです。
むね いた よる ねむ

薬をもらってもいいですか。
くすり

④ 医者 薬は飲まないでください。何か悩みがありますか。
の なに なや

ジェレミー 先生、笑わないでくださいね。実は…。
せんせい わら じつ

(1) ～て(で) ください (~해 주세요)

連絡(れんらく)して ください。

薬(くすり)を 飲(の)んで ください。

(2) ～ないで ください (~하지 말아주세요)

無理(むり)に 運動(うんどう)しないで ください。

今日(きょう)は 行(い)かないで ください。

(3) 동사의 부정형 ～ない (~지 않는다)

1그룹 동사는 어미 う단을 あ단으로 바꾸고 ない 연결

2그룹 동사는 어미 る를 삭제하고 ない 연결

→ ~~あ~~ か さ た な は ま や ら わ
い き し ち に ひ み 　 り
う く す つ ぬ ふ む ゆ る
え け せ て ね へ め 　 れ
お こ そ と の ほ も よ ろ ん

1그룹	2그룹	3그룹
買(か)う(사다) → 買わない	見(み)る(보다) → 見ない	する(하다) → しない
書(か)く(쓰다) → 書かない	食(た)べる(먹다) → 食べない	来(く)る(오다) → 来(こ)ない
話(はな)す(말하다) → 話さない	起(お)きる(일어나다) → 起きない	
立(た)つ(서다) → 立たない	下(お)りる(내리다) → 下りない	
死(し)ぬ(죽다) → 死なない	集(あつ)める(모으다) → 集めない	
読(よ)む(읽다) → 読まない	調(しら)べる(조사하다) → 調べない	
取(と)る(집다) → 取らない	かける(걸다) → かけない	

連絡(れんらく)する 연락하다 | 薬(くすり)を飲(の)む 약을 먹다 | 無理(むり) 무리 | 運動(うんどう)する 운동하다 | 今日(きょう) 오늘 | 行(い)く 가다

1 A どうしましたか。
어디가 아프십니까?

B 最近(さいきん) 食欲(しょくよく)が ありません。
최근 식욕이 없습니다.

どうしましたか '어떻게 했습니까'로 직역할 수 있으나 실제로는 상대방의 표정이나 행동을 보고 '무슨 일이 있습니까', '어디가 아픕니까', '어떻게 된 일입니까' 등의 의미로 사용된다.

例 どうしましたか。
- のどが 痛(いた)いです。

2 A では、口(くち)を 開(あ)けて ください。次(つぎ)は シャツを 上(あ)げて。
그러면 입을 벌려 주세요. 다음은 셔츠를 올리고.

はい、息(いき)を とめて。
예, 숨을 멈추고.

B どうですか、先生(せんせい)。風邪(かぜ)ですか。
어떻습니까? 선생님. 감기입니까?

例 手(て)を 洗(あら)って ください。
大(おお)きい 声(こえ)を 出(だ)さないで ください。

口(くち)を 開(あ)ける(입을 벌리다)	口を 開けて ください
シャツを 上(あ)げる(셔츠를 올리다)	シャツを 上げて ください
息(いき)を とめる(숨을 멈추다)	息を とめて ください

낱말과 표현

最近(さいきん) 최근 | 食欲(しょくよく) 식욕 | のど 목 | 痛(いた)い 아프다 | 口(くち) 입 | 開(あ)ける 열다, 벌리다 | 次(つぎ) 다음 | シャツ 셔츠
上(あ)げる 올리다 | 息(いき) 숨 | とめる 멈추다 | 風邪(かぜ) 감기 | 手(て) 손 | 洗(あら)う 씻다 | 大(おお)きい 크다 | 声(こえ) 목소리
出(だ)す 내다

3

A 熱(ねつ)は ありませんね。どこも 問題(もんだい)ありません。
열은 없군요. 아무데도 문제없습니다.

B 胸(むね)も 痛(いた)いです。そして 夜(よる)も 眠(ねむ)くないです。
가슴도 아픕니다. 그리고 밤에도 졸리지 않습니다.

薬(くすり)を もらっても いいですか。
약을 받아도 괜찮습니까?

痛(いた)い(아프다)	痛くない	痛くないです
眠(ねむ)い(졸리다)	眠くない	眠くないです
いい・よい(좋다)	よくない	よくないです

例 今日(きょう)は 暑(あつ)くないです。
この 店(みせ)は あまり おいしくないです。

4

A 薬は 飲(の)まないで ください。何(なに)か 悩(なや)みが ありますか。
약은 먹지 말아 주세요. 뭔가 고민이 있습니까?

B 先生(せんせい)、笑(わら)わないで くださいね。実(じつ)は…。
선생님, 웃지 말아 주세요. 사실은….

何(なに)か 뭔가	何が 무엇이	どこか 어딘가	どこが 어디가
誰(だれ)か 누군가	誰が 누가	いつか 언젠가	いつが 언제가

飲(の)む(마시다)	飲まない	飲まないで ください
笑(わら)う(웃다)	笑わない	笑わないで ください

例 電話(でんわ)しないで ください。メールで お願(ねが)いします。
今夜(こんや)は 食(た)べないで ください。明日(あした)、検査(けんさ)が あります。

낱말과 표현

熱(ねつ) 열 | 問題(もんだい) 문제 | 胸(むね) 가슴 | 夜(よる) 밤 | 薬(くすり) 약 | もらう 받다 | 暑(あつ)い 덥다 | 店(みせ) 가게 | あまり 그다지, 별로 おいしい 맛있다 | 悩(なや)み 고민 | 実(じつ)は 실은 | 電話(でんわ)する 전화하다 | メール 메일 | 今夜(こんや) 오늘 밤 食(た)べる 먹다 | 明日(あした) 내일 | 検査(けんさ) 검사

사람의 몸

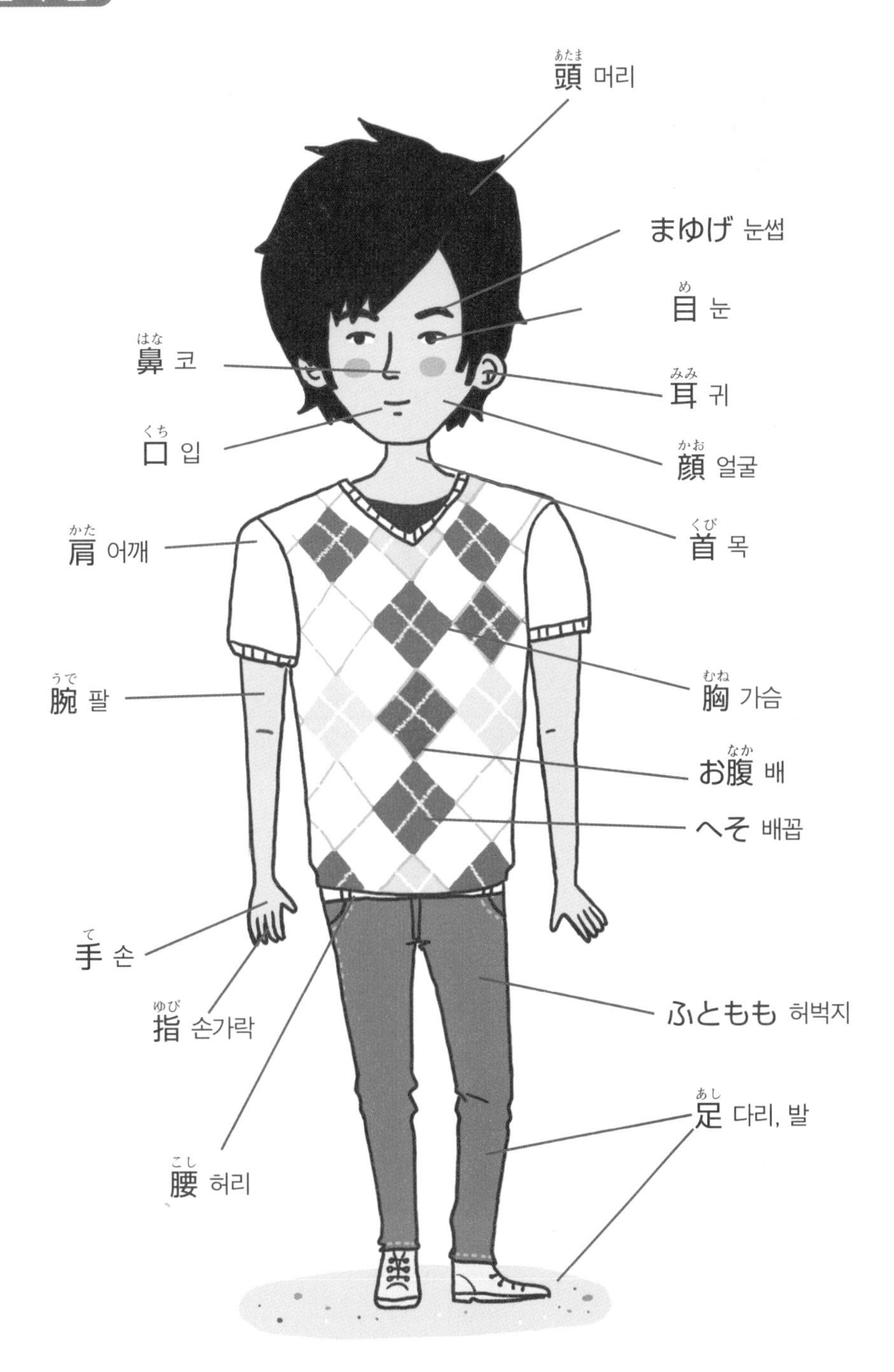

頭(あたま) 머리
まゆげ 눈썹
目(め) 눈
鼻(はな) 코
耳(みみ) 귀
口(くち) 입
顔(かお) 얼굴
肩(かた) 어깨
首(くび) 목
腕(うで) 팔
胸(むね) 가슴
お腹(なか) 배
へそ 배꼽
手(て) 손
指(ゆび) 손가락
ふともも 허벅지
足(あし) 다리, 발
腰(こし) 허리

말하기 연습

＊보기와 같이 이야기해 보세요.

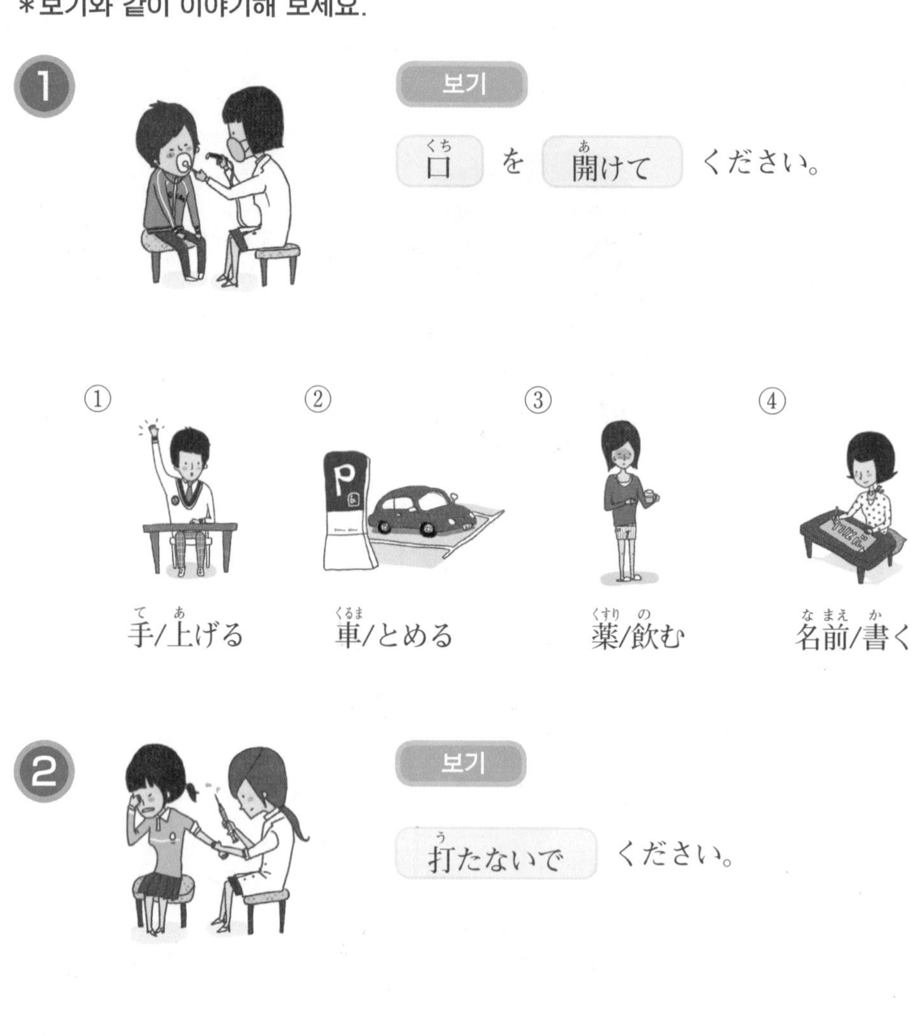

1

보기

口(くち) を 開(あ)けて ください。

① 手(て)/上(あ)げる　② 車(くるま)/とめる　③ 薬(くすり)/飲(の)む　④ 名前(なまえ)/書(か)く

2

보기

打(う)たないで ください。

① 使(つか)う　② 食(た)べる　③ 寝(ね)る　④ 来(く)る

3

보기

A：すみませんが、 車(くるま) を
　 とめないで ください。

B：どうも すみません。

①

電気(でんき)/消(け)す

②

たばこ/吸(す)う

③

窓(まど)/開(あ)ける

④

ドア/閉(し)める

4

보기 何(なに)か 悩(なや)み が ありますか。

① 問題(もんだい)

② いいこと

③ おもしろい本(ほん)

④ 心配(しんぱい)

듣기 문제 Listening

1 다음을 듣고 해도 되는 것에는 ○, 하면 안 되는 것에는 ×를 하세요.

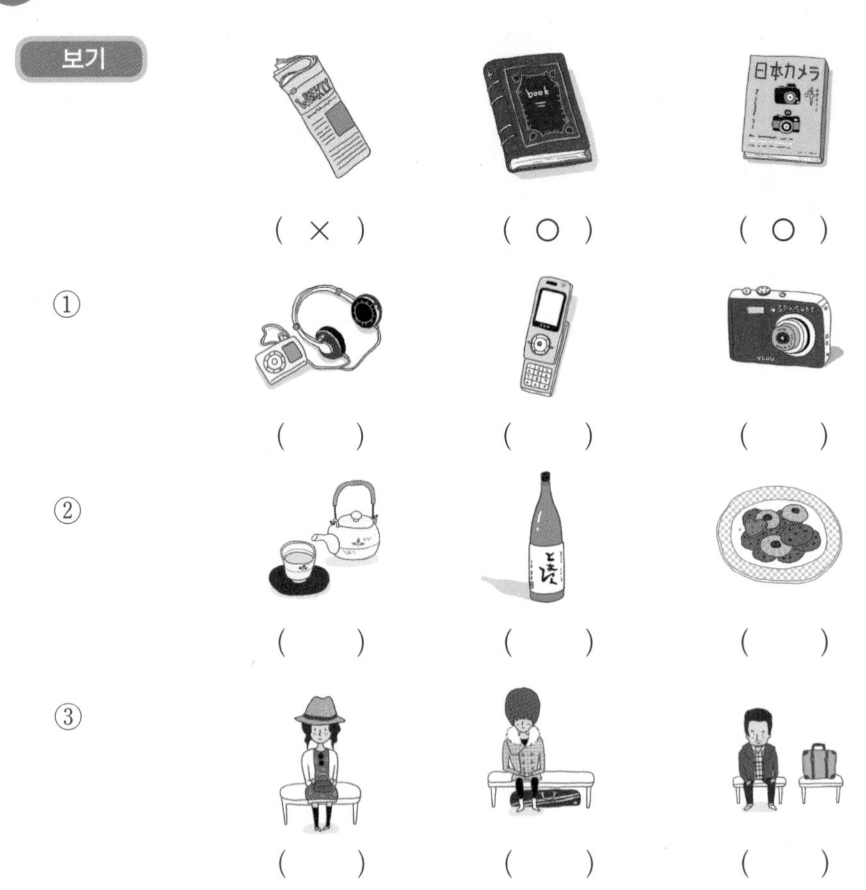

2 다음을 듣고 표를 완성하세요.

	熱(ねつ)	痛(いた)い ところ		
보기	○	あたま	(おなか)	のど
①		あたま	おなか	のど
②		かた	は	はな
③		て	め	あし

게임 GAME

*그림을 보고 다음 부위가 아픈 사람은 누구인지 알맞은 답을 고르세요.

보기 頭(あたま) (E)　①手(て) (　　)　②肩(かた) (　　)

③お腹(なか) (　　)　④歯(は) (　　)　⑤のど (　　)

⑥胸(むね) (　　)　⑦目(め) (　　)　⑧足(あし) (　　)

칼럼

COLUMN

도쿄 주요 지명 읽기

渋谷(しぶや) 시부야

충견 하치의 동상이 있는 '시부야', 항상 젊은이들로 활기가 넘쳐나는 쇼핑의 천국입니다.

新宿(しんじゅく) 신주쿠

'신주쿠'는 교통의 중심지로 도쿄도청 등 큰 빌딩들이 많은 도쿄 최대의 번화가입니다.

お台場(だいば) 오다이바

연인들의 데이트 코스 1순위인 '오다이바'. 유명 소설 및 드라마의 배경이기도 한 곳입니다.

原宿(はらじゅく) 하라주쿠

'하라주쿠'는 거리에서 공연을 하는 사람도 많고, '다케시타도리'라는 옷가게가 즐비한 거리도 있습니다.

上野(うえの) 우에노

'우에노' 공원에는 노숙자들이 많다고 하네요. 아메요코(アメ横(よこ)) 시장과도 가깝습니다.

浅草(あさくさ) 아사쿠사

'아사쿠사'는 센소지(浅草寺(せんそうじ))라는 절이 있는 것으로 유명한 곳이죠.

Lesson **05**

遊園地(ゆうえんち)へ行(い)ったことがありますか。

유원지에 가 본 적이 있습니까?

Track 26

낱말과 표현 Key Words & Expressions

	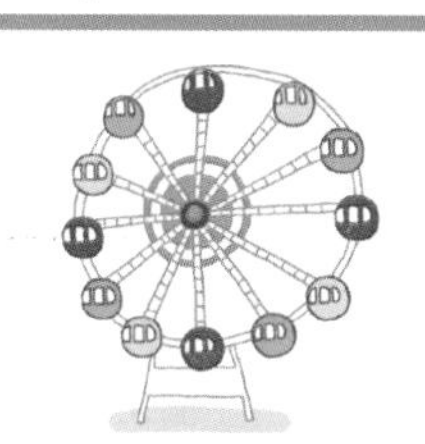		
遊園地(ゆうえんち) 유원지	**観覧車**(かんらんしゃ) 관람차	**一緒に**(いっしょ) 함께	**ジェットコースター** 제트코스터

使う(つか) 사용하다	**入院する**(にゅういん) 입원하다	**泣く**(な) 울다	**なくす** 잃다, 분실하다

乗る(の) 타다	**準備する**(じゅんび) 준비하다	**弁当**(べんとう) 도시락	**デザート** 디저트

着物(きもの) 기모노	**歌舞伎**(かぶき) 가부키	**相撲**(すもう) 스모	**新幹線**(しんかんせん) 신칸센

짤막 대화

1 ジナ　ジェレミーさんは遊園地(ゆうえんち)へ行(い)ったことがありますか。

ジェレミー　はい、何度(なんど)もあります。でも観覧車(かんらんしゃ)はちょっと…。

---

2 ジナ　週末(しゅうまつ)アリヤさんと行きますが、一緒(いっしょ)に行きませんか。

ジェレミー　本当(ほんとう)ですか。じゃあ、お弁当(べんとう)を準備(じゅんび)したほうがいいですか。

3 ジナ　ジェレミーさんが作(つく)りますか。私(わたし)はお弁当(べんとう)を作ったことがありません。

ジェレミー　大丈夫(だいじょうぶ)です。私のサンドイッチはおいしいですよ。

4 ジナ　ジェレミーさんはジェットコースターに乗(の)ったことがありますか。私は大好(だいす)きです。

ジェレミー　ジェットコースターですか。サンドイッチは作らないほうがいいですね。

본문 설명

동사 た형

1그룹 동사	く → いた ぐ → いだ	おく(놓다) → おいた(놓았다) 泳(およ)ぐ(수영하다) → 泳いだ(수영했다)
		*예외 行く(가다) → 行った(갔다)
	う つ → った る	使(つか)う(사용하다) → 使った(사용했다) 勝(か)つ(이기다) → 勝った(이겼다) 座(すわ)る(앉다) → 座った(앉았다)
	ぬ ぶ → んだ む	死(し)ぬ(죽다) → 死んだ(죽었다) 呼(よ)ぶ(부르다) → 呼んだ(불렀다) 飲(の)む(마시다) → 飲んだ(마셨다)
	す → した	話(はな)す(말하다) → 話した(말했다)
2그룹 동사	る → た	食(た)べる(먹다) → 食べた(먹었다) 見(み)る(보다) → 見た(봤다)
3그룹 동사		する(하다) → した(했다) 来(く)る(오다) → 来(き)た(왔다)

* 예외 1그룹 동사 : 동사의 형태상으로는 2그룹 동사이나 실제로는 1그룹 동사 활용을 하므로 주의

入(はい)る(들어가다) → 入った(들어갔다)

帰(かえ)る(돌아가다) → 帰った(돌아갔다)

走(はし)る(달리다) → 走った(달렸다)

1

A ジェレミーさんは 遊園地(ゆうえんち)へ 行(い)ったことが ありますか。

제레미 씨는 유원지에 간 적이 있습니까?

B はい、何度(なんど)も あります。

예, 여러 번 있습니다.

でも 観覧車(かんらんしゃ)は ちょっと…。

하지만 관람차는 좀….

~たことが ある ~한 적이 있다

~たことが あります(か) ~한 적이 있습니다(있습니까)

行(い)く(가다)	行ったことが ある	行ったことが あります(か)
飲(の)む(마시다)	飲んだことが ある	飲んだことが あります(か)
見(み)る(보다)	見たことが ある	見たことが あります(か)
する(하다)	したことが ある	したことが あります(か)

例 授業(じゅぎょう)を 休(やす)んだことが あります。
映画(えいが)を 見(み)て 泣(な)いたことが あります。

2

A 週末(しゅうまつ) アリヤさんと 行(い)きますが、一緒(いっしょ)に 行きませんか。

주말에 아리야 씨와 갑니다만 함께 가지 않겠어요?

B 本当(ほんとう)ですか。じゃあ、お弁当(べんとう)を 準備(じゅんび)したほうが いいですか。

정말이에요? 그럼, 도시락을 준비하는 편이 좋을까요?

낱말과 표현

遊園地(ゆうえんち) 유원지 | でも 그러나 | 観覧車(かんらんしゃ) 관람차 | ちょっと 좀, 조금 | 授業(じゅぎょう) 수업 | 休(やす)む 쉬다 | 映画(えいが) 영화
泣(な)く 울다 | 週末(しゅうまつ) 주말 | 一緒(いっしょ)に 함께 | 本当(ほんとう) 정말 | お弁当(べんとう) 도시락 | 準備(じゅんび)する 준비하다

~たほうが いい ~하는 편이 좋다

~たほうが いいです(か) ~하는 편이 좋습니다(좋습니까)

使う(사용하다)	使ったほうが いい	使ったほうが いいです(か)
食べる(먹다)	食べたほうが いい	食べたほうが いいです(か)
話す(말하다)	話したほうが いい	話したほうが いいです(か)
する(하다)	したほうが いい	したほうが いいです(か)

例 朝ご飯は 食べたほうが いいです。
宿題を してから 遊んだほうが いいですね。

3
A ジェレミーさんが 作りますか。私は お弁当を 作ったことが ありません。
제레미 씨가 만들려고요? 저는 도시락을 만들어 본 적이 없어요.

B 大丈夫です。私の サンドイッチは おいしいですよ。
괜찮아요. 내가 만든 샌드위치 맛있어요.

~たことが ありません ~한 적이 없습니다

作る(만들다)	作ったことが ありません
乗る(타다)	乗ったことが ありません
運転する(운전하다)	運転したことが ありません

例 アメリカへ 行ったことが ありません。
お酒を 飲んだことが ありません。

낱말과 표현

朝ご飯 아침 (식사) | 宿題 숙제 | 遊ぶ 놀다 | 大丈夫だ 괜찮다 | サンドイッチ 샌드위치
おいしい 맛있다 | アメリカ 미국 | お酒 술 | 飲む 마시다

4

A ジェレミーさんは ジェットコースターに
제레미 씨는 제트코스터를

乗(の)ったことが ありますか。私は 大好(だいす)きです。
탄 적이 있어요? 저는 아주 좋아해요.

B ジェットコースターですか。
제트코스터 말이에요?

サンドイッチは 作らないほうが いいですね。
샌드위치는 만들지 않는 편이 좋겠네요.

~ないほうが いい ~하지 않는 편이 좋다

作(つく)る(만들다)	作らない	作らないほうが いい
言(い)う(말하다)	言わない	言わないほうが いい
忘(わす)れる(잊다)	忘れない	忘れないほうが いい

例 自転車(じてんしゃ)に 乗(の)ったことが ありますか。
デザートは 作(つく)らないほうが いいですね。

낱말과 표현

ジェットコースター 제트코스터 | 乗(の)る 타다 | 大好(だいす)きだ 아주 좋아하다 | 自転車(じてんしゃ) 자전거
デザート 디저트

말하기 연습

＊보기와 같이 이야기해 보세요.

1

보기

行(い)った ことが あります。

①

泳(およ)ぐ

②

読(よ)む

③

作(つく)る

④

運転(うんてん)する

보기

見(み)た ほうが いいです。

①

言(い)う

②

飲(の)む

③

忘(わす)れる

④

勉強(べんきょう)する

3

보기

乗(の)らない　ほうが いいです。

① 走(はし)る
② 聞(き)く
③ 食(た)べる
④ 見(み)る

4

보기

A：遊園地(ゆうえんち)　へ（に/を）

　　行(い)った　ことが ありますか。

B1：はい、一度(いちど)だけ(何度(なんど)も) あります。

B2：いいえ、一度も ありません。

① 飛行機(ひこうき)/乗(の)る
② さいふ/なくす
③ 花(はな)/あげる
④ 病院(びょういん)/入院(にゅういん)する

듣기 문제 Listening

Track 31

1 다음을 듣고 내용과 같은 상황의 그림을 고르세요.

2 다음을 듣고 알맞은 답을 고르세요.

보기 (A)

① ( ) ② ( ) ③ ( ) ④ ( )

게임 GAME

*그림을 보고 보기와 같이 다음 충고가 어울리는 상황을 고르세요.

보기 たばこを やめたほうが いいです。　(C)

① 起(お)きたほうが いいです。　(　　)

② 走(はし)ったほうが いいです。　(　　)

③ 聞(き)かないほうが いいです。　(　　)

④ 電話(でんわ)したほうが いいです。　(　　)

⑤ おかないほうが いいです。　(　　)

⑥ 見(み)ないほうが いいです。　(　　)

칼럼 COLUMN

스모

스모(相撲)는 우리 나라의 씨름과 같은 일본의 전통적인 민속 경기입니다. 제사나 민족행사로서 일본 전역에서 행해져 왔으며, 1909년 일본의 국기(国技)로 제정되었습니다. 특히 에도(江戸)시대에는 간진즈모(勧進相撲)라는 기부를 받기 위한 스모가 성행하였습니다. 신사나 절의 건립, 수리, 다리를 다시 놓을 때에는 항상 신사나 절에서 스모 집단을 초청하여 흥행을 벌여 이익을 얻었습니다. 그 시대의 스모 선수는 '10년을 10일로 보내는 한량'으로 불과 10일만 일하면 생계를 꾸려 나갈 수 있다고 소문이 자자했습니다. 스모는 인기가 많아서 스모를 하는 장면을 그린 니시키에(錦絵, 풍속화를 여러 가지 색을 이용해 인쇄한 목판화)가 그려져 현재까지도 남아 있습니다. 스모의 시합은 샅바만을 몸에 걸친 두 명의 선수가 씨름판에 올라가 한 쪽이 씨름판을 벗어나든지 발바닥 이외의 몸의 일부가 지면에 닿을 때까지 싸웁니다. 현재 스모 흥행은 일본스모협회가 담당하고 있으며, 연 6회의 정기 흥행인 오즈모(大相撲)를 비롯 기타 일본 각지나 해외에서도 스모를 널리 알리기 위해 흥행을 벌이고 있습니다. 또한, 최근에는 외국인 선수의 활약도 두드러지고 있습니다. 랭크에 따라서는 최고 지위의 요코즈나(横綱)가 있고, 그 아래로 오제키(大関), 세키와케(関脇), 고무스비(小結) 등이 있습니다.

Lesson 06

あのレストランはとても おいしいそうです。

저 레스토랑은 매우 맛있다고 합니다.

Track 32

낱말과 표현 Key Words & Expressions

 **レストラン** 레스토랑	 **おばけ屋敷(やしき)** 도깨비집	 **出(で)る** 떠나다, 출발하다	 **席(せき)があく** 자리가 비다
 **壊(こわ)れる** 부서지다, 망가지다	 **咲(さ)く** 피다	 **丈夫(じょうぶ)だ** 튼튼하다	 **こわい** 무섭다
 **甘(あま)い** 달다	 **辛(から)い** 맵다	 **忙(いそが)しい** 바쁘다	 **さびしい** 쓸쓸하다
 **気持(きも)ちがいい** 기분이 좋다	 **気持(きも)ちが悪(わる)い** 기분이 나쁘다	 **気分(きぶん)がいい** 기분이 좋다	**気分(きぶん)が悪(わる)い** 기분이 나쁘다

짤막 대화

1 ジェレミー　あそこにおばけ屋敷(やしき)があります。

ちょっとこわそうですね。

ジナ　わあ、おもしろそう。アリヤさん、行(い)きましょう。

2 ジナ　ジェレミーさん、大丈夫(だいじょうぶ)ですか。

気分(きぶん)が悪(わる)そうですよ。

ジェレミー　だ、大丈夫じゃありません。高(たか)いところがちょっと…。

3 ジナ　あのレストランはとてもおいしいそうです。

あそこで少(すこ)し休(やす)みましょう。

ジェレミー　そうしましょう。あ、あそこの席(せき)がもうすぐ

あきそうです。

4 ジナ　このお店(みせ)は先月(せんげつ)テレビに出(で)たそうです。

ハンバーガーが有名(ゆうめい)だそうですよ。

ジェレミー　私(わたし)はお水(みず)だけでいいです。

そうだ

~라고 한다(전문), ~일 것 같다(양태)의 두 가지 의미를 표현할 수 있다.

(1) 전문 : '~라고 한다'의 의미로 사용되며 다른 사람의 의견이나 내용을 전달할 때

これから 暖(あたた)かくなる そうです。

今日(きょう)は 雨(あめ)が 降(ふ)る そうです。

恋人(こいびと)が できて うれしい そうです。

(2) 양태 : '~일 것 같다'의 의미로 현재의 상태를 보고 예측하여 표현할 때

これから 暖かくなりそうです。

もうすぐ 雨が 降りそうです。

恋人が できて うれしそうです。

	전문	양태
동사	行(い)く そうだ (간다고 한다)	行きそうだ (갈 것 같다)
イ형용사	おいしい そうだ (맛있다고 한다)	おいしそうだ (맛있을 것 같다)
ナ형용사	静(しず)かだ そうだ (조용하다고 한다)	静かそうだ (조용할 것 같다)

＊ 단, いい → よさそう、ない → なさそう는 예외로 활용

전문	양태
からだに いいそうです 時間(じかん)が ないそうです	からだに よさそうです 時間が なさそうです

낱말과 표현

暖(あたた)かい 따뜻하다 | 今日(きょう) 오늘 | 雨(あめ) 비 | 降(ふ)る (비, 눈 등이) 내리다 | 恋人(こいびと) 연인, 애인 | できる 생기다
うれしい 기쁘다 | からだ 몸 | いい 좋다 | 時間(じかん) 시간 | 行(い)く 가다 | おいしい 맛있다 | 静(しず)かだ 조용하다

1

A あそこに おばけ屋敷(やしき)が あります。
저기에 도깨비집이 있습니다.

ちょっと こわそうですね。
조금 무서울 것 같군요.

B わあ、おもしろそう。アリヤさん 行(い)きましょう。
와! 재미있을 것 같다. 아리야 씨 갑시다.

	전문	양태
こわい(무섭다)	こわい そうです	こわそうです
おもしろい(재미있다)	おもしろい そうです	おもしろそうです

例 すし おいしそうですね。
- 一緒(いっしょ)に 食(た)べましょう。

2

B ジェレミーさん、大丈夫(だいじょうぶ)ですか。気分(きぶん)が 悪(わる)そうですよ。
제레미 씨, 괜찮습니까? 속이 안 좋은 것 같아요.

A だ、大丈夫じゃありません。高(たか)いところが ちょっと…。
괘, 괜찮지 않습니다. 높은 곳이 조금….

	전문	양태
気分(きぶん)が 悪(わる)い(기분이 나쁘다)	気分が 悪い そうです	気分が 悪そうです
気分が いい(기분이 좋다)	気分が いい そうです	気分が よさそうです

例 気分(きぶん)が よさそうですね。何(なに)か いいことでも ありましたか。
- はい、ありました。実(じつ)は…。

낱말과 표현

あそこ 저기 | おばけ屋敷(やしき) 도깨비집 | ちょっと 조금 | すし 초밥 | 一緒(いっしょ)に 함께 | 食(た)べる 먹다
大丈夫(だいじょうぶ)だ 괜찮다 | 高(たか)い 높다 | ところ 곳, 장소

気分(きぶん)がいい 일반적으로 정신적인 면에서 기분이 좋다고 느낄 때

気分が悪(わる)い 기분이 나쁘다라는 의미보다 신체적으로 좋지 않은 상태일 경우 많이 사용된다.
속이 좋지 않거나 멀미를 할 경우에 사용

気持(きも)ちがいい 감각적인 면에서 신체적으로 느끼는 기분 좋은 상태. 예를 들면 더울 때 시원한 바람이 불어 올 경우, 목욕탕 욕조에서 편안한 상태에서 사용

気持ちが悪い 감각적인 면이나 신체적으로 느끼는 불쾌감의 표현
뱀이나 쥐를 보았을 때 등의 피부로 느끼는 좋지 않은 감정의 상태에서 사용

3

B あの レストランは とても おいしい そうです。
저 레스토랑은 매우 맛있다고 합니다.

あそこで 少(すこ)し 休(やす)みましょう。
저기에서 조금 쉽시다.

A そうしましょう。
그렇게 합시다.

あ、あそこの 席(せき)が もうすぐ あきそうです。
아, 저기 자리가 이제 곧 생길 것 같습니다.

~ましょう ~합시다(청유형)

休(やす)む(쉬다)	休みます	休みましょう
する(하다)	します	しましょう

	전문	양태
おいしい (맛있다) 席(せき)が あく (자리가 비다)	おいしい そうです 席が あく そうです	おいしそうです 席が あきそうです

낱말과 표현

実(じつ)は 실은 | レストラン 레스토랑 | とても 매우 | 少(すこ)し 조금 | 休(やす)む 쉬다 | 席(せき) 자리, 좌석
もうすぐ 이제 곧 | あく 비다 | 今夜(こんや) 오늘 밤 | 店(みせ) 가게 | 飲(の)む 마시다 | 早(はや)く 빨리 | 帰(かえ)る 돌아가다

例 今夜(こんや)は この 店(みせ)で 飲(の)みましょう。
今日(きょう)は 早(はや)く 帰(かえ)りましょう。雨(あめ)が 降(ふ)る そうです。

4 B この お店(みせ)は 先月(せんげつ) テレビに 出(で)た そうです。
이 가게는 지난 달 텔레비전에 나왔다고 합니다.

ハンバーガーが 有名(ゆうめい)だ そうですよ。
햄버거가 유명하다고 합니다.

A 私(わたし)は お水(みず)だけで いいです。
저는 물만으로 괜찮습니다.

	전문	양태
有名(ゆうめい)だ (유명하다)	有名だ そうです	有名そうです
暇(ひま)だ (한가하다)	暇だ そうです	暇そうです

~だけ ~만, ~뿐

例 パンと 牛乳(ぎゅうにゅう)を お願(ねが)いします。
- 私(わたし)は コーラだけで いいです。

낱말과 표현

先月(せんげつ) 지난 달 | テレビ 텔레비전 | 出(で)る 나오다 | ハンバーガー 햄버거 | 水(みず) 물 | パン 빵 | 牛乳(ぎゅうにゅう) 우유
コーラ 콜라

말하기 연습

＊보기와 같이 이야기해 보세요.

3
보기
泣き そうです。
① 雨が 降る
② 怒る
③ 壊れる
④ 落ちる
4
보기
もうすぐ あき そうです。
① できる
② 閉まる
③ 咲く
④ 出る

5

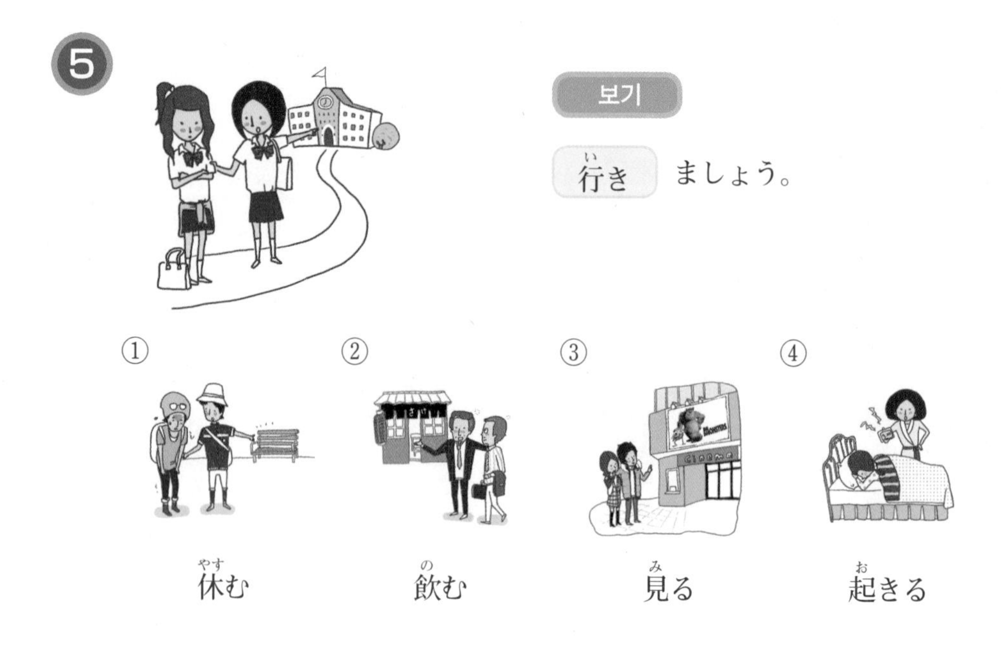

보기

行(い)き ましょう。

① 休(やす)む

② 飲(の)む

③ 見(み)る

④ 起(お)きる

6

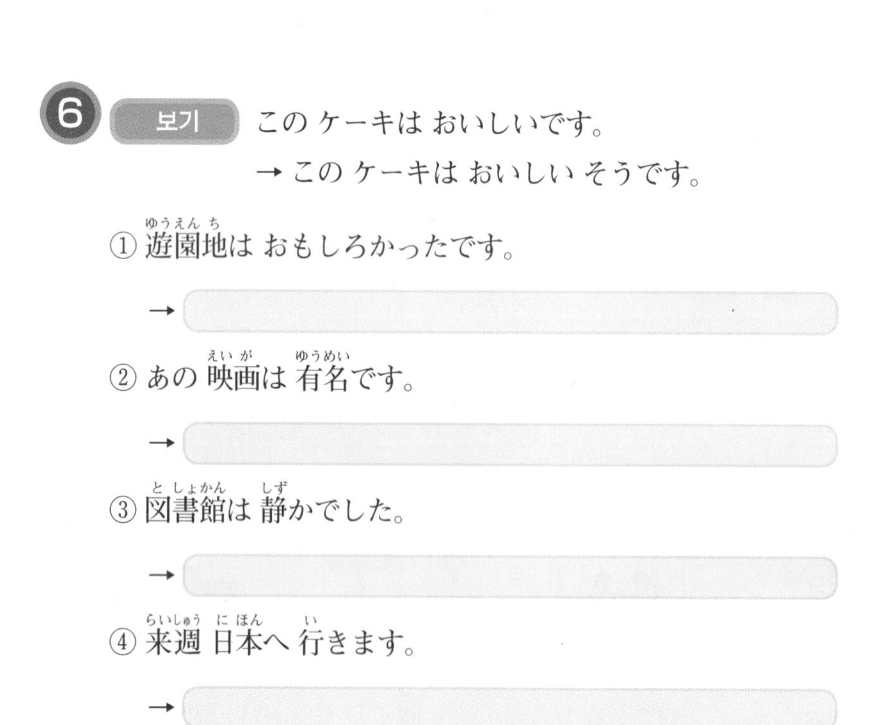

보기 この ケーキは おいしいです。

→ この ケーキは おいしい そうです。

① 遊園地(ゆうえんち)は おもしろかったです。

→

② あの 映画(えいが)は 有名(ゆうめい)です。

→

③ 図書館(としょかん)は 静(しず)かでした。

→

④ 来週(らいしゅう) 日本(にほん)へ 行(い)きます。

→

⑤ 昨日(きのう) 本(ほん)を 買(か)いました。

→

듣기 문제

Track 37

1 다음을 듣고 알맞은 답을 고르세요.

보기 (おいしそうです) / おいしいそうです

① 食(た)べるそうです / 食べそうです　② 有名(ゆうめい)だそうです / 有名そうです

③ 泣(な)くそうです / 泣きそうです　④ 出(で)るそうです / 出そうです

2 다음을 듣고 내용과 같은 상황의 그림을 고르세요.

A　B　C

D　E　F

G　H　I

보기 (G)　① (　　)　② (　　)

③ (　　)　④ (　　)　⑤ (　　)

⑥ (　　)　⑦ (　　)　⑧ (　　)

3 다음을 듣고 알맞은 답을 고르세요.

보기 (A) バスに 乗(の)ります　B 電車(でんしゃ)に 乗ります　C 歩(ある)きます

① A 今日(きょう) 飲(の)みます　B 明日(あした) 飲みます　C 飲みません

② A レストランで 食べます　B ビールを 飲みます　C 食べません

③ A テニスを します　B 病院(びょういん)へ 行(い)きます　C 映画(えいが)を 見(み)ます

④ A キムチを 買(か)います　B キムチを 作(つく)ります　C キムチを もらいます

게임 GAME

＊그림을 보고 보기와 같이 빈 칸에 들어갈 말을 아래에서 골라 알맞게 바꿔 넣으세요.

からい	こわい	できる
げんきだ	~~うれしい~~	しまる
さびしい	ひまだ	なく

Lesson 07

部屋(へや)がすずしくなります。

방이 시원해집니다.

Track 38

낱말과 표현 Key Words & Expressions

 洗濯機(せんたくき) 세탁기	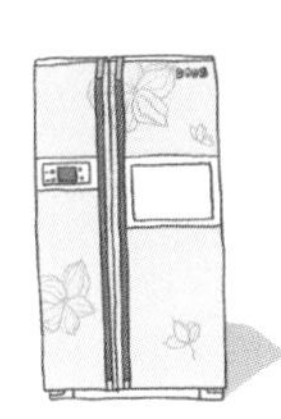 冷蔵庫(れいぞうこ) 냉장고	 エアコン 에어컨	 扇風機(せんぷうき) 선풍기
 掃除機(そうじき) 청소기	 電子(でんし)レンジ 전자레인지	 スイッチを入(い)れる 스위치를 켜다	 ボタンを押(お)す 버튼을 누르다
 手(て)を上(あ)げる 손을 들다	 幸(しあわ)せになる 행복해지다	 横(よこ)になる 눕다	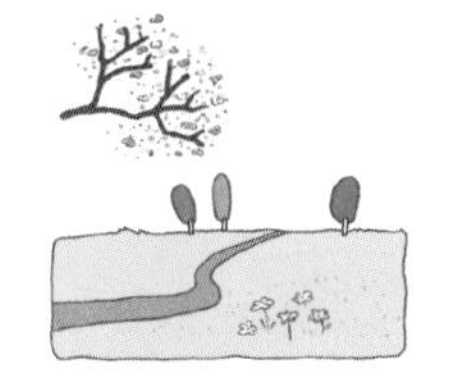 春(はる)になる 봄이 되다
 軍人(ぐんじん) 군인	 お風呂(ふろ) 목욕	 掃除(そうじ) 청소	 りっぱだ 훌륭하다

1 ジェレミー　スイッチを入(い)れると、部屋(へや)がすずしくなります。

ジナ　冷蔵庫(れいぞうこ)？エアコン！扇風機(せんぷうき)！

2 ジェレミー　これを使(つか)うと、部屋がきれいになります。

ジナ　洗濯機(せんたくき)？ぞうきん！掃除機(そうじき)！

3 ジェレミー　中(なか)に食(た)べ物(もの)を入(い)れてボタンを押(お)すと、温(あたた)かくなります。

ジナ　電子(でんし)レンジ！

4 ジェレミー　夜(よる)になると、幸(しあわ)せになります。

ジナ　お風呂(ふろ)？ ソファ？ わかりません。

본문
설명

(1) イ형용사 ～くなる (~지다)

暑(あつ)い (덥다)	暑くなる (더워지다)	暑くなります (더워집니다)
おいしい (맛있다)	おいしくなる (맛있어지다)	おいしくなります (맛있어집니다)
やさしい (쉽다)	やさしくなる (쉬워지다)	やさしくなります (쉬워집니다)

(2) ナ형용사 ～になる (~되다)

幸(しあわ)せだ (행복하다)	幸せになる (행복하게 되다)	幸せになります (행복하게 됩니다)
有名(ゆうめい)だ (유명하다)	有名になる (유명하게 되다)	有名になります (유명하게 됩니다)
元気(げんき)だ (건강하다)	元気になる (건강하게 되다)	元気になります (건강하게 됩니다)

(3) 명사 ～になる (~되다)

大人(おとな)(어른)	大人になる (어른이 되다)	大人になります (어른이 됩니다)
先生(せんせい)(선생님)	先生になる (선생님이 되다)	先生になります (선생님이 됩니다)
大学生(だいがくせい)(대학생)	大学生になる (대학생이 되다)	大学生になります (대학생이 됩니다)

(4) 동사 기본형 +と (동사의 가정 표현 '~면'의 의미)

가정표현은 たら、なら、ば、と의 4가지 형태로 표현할 수 있다. 그 가운데 と로 표현되는 가정 표현은 행위에 의한 필연적인 결과를 초래하는 문장에서 주로 사용된다.

行(い)く(가다) 行くと(가면)

する(하다) すると(하면)

食(た)べる(먹다) + と = 食べると(먹으면)

読(よ)む(읽다) 読むと(읽으면)

思(おも)う(생각하다) 思うと(생각하면)

1 A スイッチを 入れると、部屋が すずしくなります。
스위치를 켜면 방이 시원해집니다.

B 冷蔵庫？ エアコン！ 扇風機！
냉장고? 에어컨! 선풍기!

スイッチを 入れる (스위치를 켜다)+と=スイッチを 入れると 스위치를 켜면

すずしい(시원하다)	すずしくなる	すずしくなります
温かい(따뜻하다)	温かくなる	温かくなります

例 春に なると、桜が 咲きます。
お酒を 飲むと、顔が 赤くなります。

2 A これを 使うと、部屋が きれいになります。
이것을 사용하면 방이 깨끗해집니다.

B 洗濯機？ ぞうきん！ 掃除機！
세탁기? 걸레! 청소기!

使う (사용하다)+と=使うと 사용하면

きれいだ(예쁘다, 깨끗하다)	きれいになる	きれいになります
好きだ(좋아하다)	好きになる	好きになります

例 秋に なると、もみじが きれいになります。
この 薬を 飲むと、元気になります。

낱말과 표현

部屋 방 | 冷蔵庫 냉장고 | エアコン 에어컨 | 扇風機 선풍기 | 春 봄 | 桜 벚꽃 | 咲く (꽃이) 피다
お酒 술 | 飲む 마시다 | 顔 얼굴 | 赤い 빨갛다 | 洗濯機 세탁기 | ぞうきん 걸레 | 掃除機 청소기
秋 가을 | もみじ 단풍 | 薬を飲む 약을 먹다 | 元気だ 건강하다

③

A 中(なか)に 食(た)べ物(もの)を 入(い)れて ボタンを 押(お)すと、

안에 음식을 넣고 버튼을 누르면

温(あたた)かくなります。

따뜻해집니다.

B 電子(でんし)レンジ！

전자레인지!

押(お)す (누르다)+と = 押すと 누르면

例 これを まわすと、音(おと)が 大(おお)きくなります。

この ボタンを 押(お)すと、明(あか)るくなります。

④

A 夜(よる)に なると、幸(しあわ)せになります。

밤이 되면 행복해집니다.

B お風呂(ふろ)？ ソファ？ わかりません。

욕실? 소파? 모르겠습니다.

夜(よる)に なる (밤이 되다)+と=夜(よる)に なると 밤이 되면

例 この ボタンを 押すと、おつりが 出(で)ます。

右(みぎ)に 曲(ま)がると、銀行(ぎんこう)が あります。

낱말과 표현

食(た)べ物(もの) 음식 | ボタン 버튼 | 温(あたた)かい 따뜻하다 | 電子(でんし)レンジ 전자레인지 | まわす 돌리다 | 音(おと) 소리
大(おお)きい 크다 | 明(あか)るい 밝다 | 夜(よる) 밤 | 幸(しあわ)せだ 행복하다 | お風呂(ふろ) 목욕, 욕실 | ソファ 소파 | わかる 알다
おつり 거스름돈 | 出(で)る 나오다 | 右(みぎ) 오른쪽 | 曲(ま)がる 돌다 | 銀行(ぎんこう) 은행

말하기 연습 Drills

＊보기와 같이 이야기해 보세요.

1

보기

すずし くなります。

①

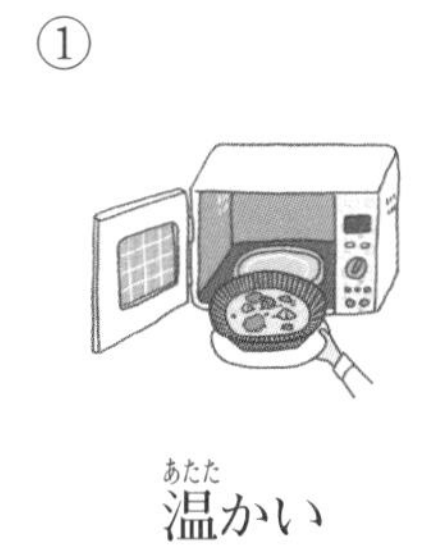

温(あたた)かい

②

速(はや)い

③

遅(おそ)い

④

いい

2

보기

きれい になります。

①

静(しず)かだ

②

好(す)きだ

③

りっぱだ

④

幸(しあわ)せだ

3
보기
夜 になります。
①
②
③
④
先生
軍人
春
朝
4
보기
押す と 動き ます。
①
②
③
④
抱く/泣く
手を上げる/とまる
読む/寝る
おく/忘れる

1 다음을 듣고 무엇을 설명하고 있는지 알맞은 답을 고르세요.

A 飛行機(ひこうき)　(　　　　)

B 扇風機(せんぷうき)　(보기)

C 洗濯機(せんたくき)　(　　　　)

D 電子(でんし)レンジ　(　　　　)

E 掃除機(そうじき)　(　　　　)

2 다음을 듣고 내용과 같은 상황의 그림을 고르세요.

게임 GAME

*보기와 같이 올바르게 연결해 보세요.

보기 春(はる)に なると ·	· Ⓐ 暗(くら)くなります。
① お酒(さけ)を 飲(の)むと ·	· Ⓑ 上手(じょうず)になります。
② 掃除(そうじ)を すると ·	· Ⓒ 強(つよ)くなります。
③ テレビを 消(け)すと ·	· Ⓓ きれいになります。
④ 恋人(こいびと)に 会(あ)うと ·	· Ⓔ 暖(あたた)かくなります。
⑤ エアコンを つけると ·	· Ⓕ すずしくなります。
⑥ 運動(うんどう)を すると ·	· Ⓖ よくなります。
⑦ 薬(くすり)を 飲(の)むと ·	· Ⓗ 静(しず)かになります。
⑧ 夜(よる)に なると ·	· Ⓘ 赤(あか)くなります。
⑨ 毎日(まいにち) すると ·	· Ⓙ 幸(しあわ)せになります。

Lesson **08**

何時から何時まで働くことができますか。

（なんじ　なんじ　はたら）

몇 시부터 몇 시까지 일할 수 있습니까?

Track 44

낱말과 표현 Key Words & Expressions

パン屋（や）
빵집

あいさつ
인사

働く（はたら）
일하다

自信がある（じしん）
자신있다

覚える（おぼ）
기억하다

メモをとる
메모하다

頑張る（がんば）
힘내다, 노력하다

予約する（よやく）
예약하다

フランス
프랑스

ゲーム
게임

インターネット
인터넷

ホテル
호텔

わに
악어

服（ふく）
옷

オートバイ
오토바이

ホラー映画（えいが）
공포영화

짤막 대화

1 店長 大きな声であいさつができますか。

ジナ はい、あいさつは自信があります。

---

2 店長 何時から何時まで働くことができますか。

ジナ 午後2時から8時ぐらいまで大丈夫です。

Track 45~48

3 店長 仕事がたくさんありますが、覚えられますか。
(しごと / おぼ)

ジナ はい。仕事中にメモをとってもいいですか。
(しごとちゅう)

4 店長 いいですよ。じゃあ、来週の火曜日から来られますか。
(らいしゅう / かようび / こ)

頑張ってくださいね。
(がんば)

ジナ ありがとうございます。頑張ります。
(がんば)

본문 설명

동사 가능형

(1) 동사의 기본형 + ことができる（ことができません） = ~할 수 있다 (~할 수 없다)

泳ぐ(수영하다)				泳ぐことができる
走る(달리다)				走ることができる
習う(배우다)	+	ことができる	=	習うことができる
乗る(타다)				乗ることができる
寝る(자다)				寝ることができる

(2) 가능동사

1그룹 동사는 어미う단을 え단으로 바꾼다.

2그룹 동사는 어미る를 られる로 바꾼다.

あ か さ た な は ま や ら わ
い き し ち に ひ み 　 り
う く す つ ぬ ふ む ゆ る
→ え け せ て ね へ め 　 れ
お こ そ と の ほ も よ ろ ん

1그룹	2그룹	3그룹
買う(사다) → 買える 書く(쓰다) → 書ける 話す(말하다) → 話せる 立つ(서다) → 立てる 死ぬ(죽다) → 死ねる 読む(읽다) → 読める 取る(집다) → 取れる	見る(보다) → 見られる 食べる(먹다) → 食べられる 起きる(일어나다) → 起きられる 下りる(내리다) → 下りられる 集める(모으다) → 集められる 調べる(조사하다) → 調べられる かける(걸다) → かけられる	する(하다) → できる 来る(오다) → 来られる

1그룹동사

書く(쓰다)	書ける(쓸 수 있다)	書けます(쓸 수 있습니다)
読む(읽다)	読める(읽을 수 있다)	読めます(읽을 수 있습니다)
のぼる(오르다)	のぼれる(오를 수 있다)	のぼれます(오를 수 있습니다)

2그룹동사

見る(보다)	見られる(볼 수 있다)	見られます(볼 수 있습니다)
食べる(먹다)	食べられる(먹을 수 있다)	食べられます(먹을 수 있습니다)
考える(생각하다)	考えられる(생각할 수 있다)	考えられます(생각할 수 있습니다)

3그룹동사

する(하다)	できる(할 수 있다)	できます(할 수 있습니다)
来る(오다)	来られる(올 수 있다)	来られます(올 수 있습니다)

1

A 大きな 声で あいさつが できますか。

큰 소리로 인사할 수 있습니까?

B はい、あいさつは 自信が あります。

예, 인사는 자신 있습니다.

例 ゴルフは 自信が あります。
一人で 行くことが できます。

2

A 何時から 何時までは 働くことが できますか。

몇 시부터 몇 시까지 일할 수 있습니까?

B 午後2時から 8時ぐらいまで 大丈夫です。

오후 2시부터 8시 정도까지 괜찮습니다.

例 朝7時から 8時まで 運動することが できますか。
今日は 10時に 寝ることが できます。

낱말과 표현

大きい 크다 | 声 소리 | あいさつ 인사 | できる 할 수 있다 | 自信がある 자신있다 | ゴルフ 골프
一人 한 사람, 혼자 | 働く 일하다 | 午後 오후 | 大丈夫だ 괜찮다 | 朝 아침 | 運動する 운동하다
今日 오늘 | 寝る 자다

3

A 仕事が たくさん ありますが、覚えられますか。

일이 많이 있습니다만, 기억할 수 있습니까?

B はい。仕事中に メモを とっても いいですか。

예. 일하는 중에 메모를 해도 괜찮습니까?

例 この 山、のぼれますか。
勉強中に 電話しても いいですか。

4

A いいですよ。じゃあ、来週の 火曜日から

좋아요. 그럼, 다음 주 화요일부터

来られますか。頑張って くださいね。

올 수 있습니까? 열심히 해 주세요.

B ありがとうございます。頑張ります。

감사합니다. 열심히 하겠습니다.

例 今週までに 全部 覚えられますか。
簡単な フランス料理が 作れますか。

働く(일하다)	働くことが できる	働ける	働けます
覚える(외우다)	覚えることが できる	覚えられる	覚えられます
来る(오다)	来ることが できる	来られる	来られます
する(하다)	することが できる	できる	できます

낱말과 표현

仕事 일 | たくさん 많이 | 仕事中 일하는 중 | メモをとる 메모를 하다 | 山 산 | のぼる 오르다
勉強中 공부 중 | 電話する 전화하다 | 来週 다음 주 | 火曜日 화요일 | 頑張る 힘내다, 노력하다
今週 이번 주 | 全部 전부 | 簡単だ 간단하다 | フランス料理 프랑스 요리 | 作る 만들다

말하기 연습 Drills

＊보기와 같이 이야기해 보세요.

보기

あいさつ が できます。
/ できません。

① 

英語(えいご)

② 

スキー

③ 

ゲーム

④ 

インターネット

보기

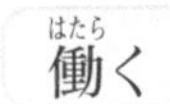

働(はたら)く ことが できます。
/ できません。

① 

泳(およ)ぐ

② 

使(つか)う

③ 

寝(ね)る

④ 

運転(うんてん)する

보기

日本語が話せます。

/ 話せません。

① ② ③  ④ 

ケーキ/作る　歌/歌う　お酒/飲む　車/買う

보기

仕事が覚えられます。

/ 覚えられません。

① ② ③ ④

窓/開ける　わに/食べる　ホラー映画/見る　服/着る

5
A
B
1259
보기A 運転(うんてん)できます 。
/ 運転できません 。
보기B 来(こ)られます 。
/ 来(こ)られません 。
A ①
②
③
B ④
料理(りょうり)する
予約(よやく)する
電話(でんわ)する
来(く)る

듣기 문제 Listening

Track 49 

1 다음을 듣고 내용과 같은 상황의 그림을 고르세요.

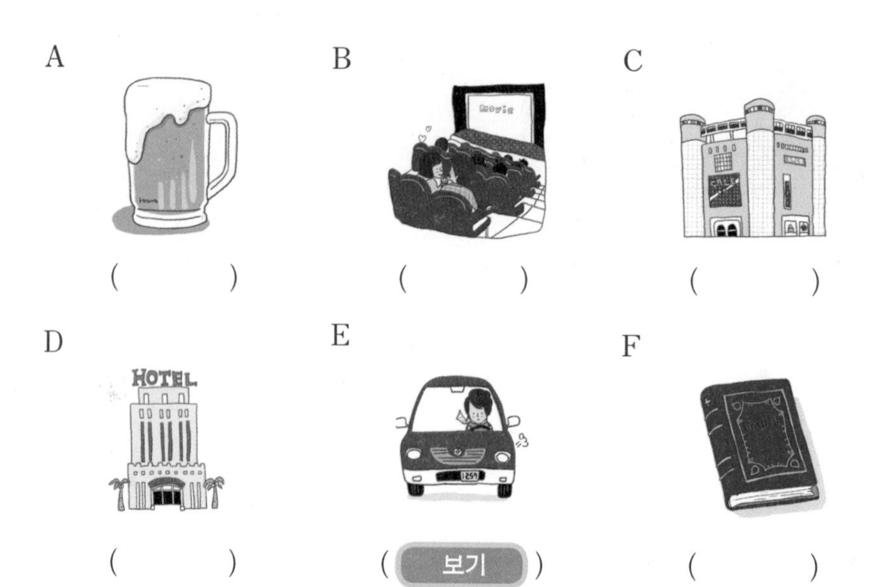

2 다음을 듣고 이곳에서 할 수 있는 것은 ○, 할 수 없는 것은 ×를 하세요.

① インターネット　(　　)

② ゲーム　(　　)

③ 携帯電話(けいたいでんわ)　(　　)

④ メール　(　　)

⑤ お酒(さけ)　(　　)

⑥ 予約(よやく)　(　　)

＊아래 글을 읽고 내용과 맞으면 ○, 틀리면 ×를 하세요.

家族の 週末

私は テニスが 大好きです。日曜日の 朝、父と 一緒に テニスを します。母は テニスが 上手じゃありませんが、一緒に します。母の 趣味は 料理です。母の ケーキは とても おいしいですが、私のは あまり おいしくないです。土曜日は 父が カレーや スパゲッティを 作ります。夜、家族で 映画を 見ます。弟は ホラー映画が 見たいそうですが、母は 見ると こわくなる そうです。それから 少し 日本語の 勉強を して 寝ますが、弟の 部屋が うるさくて、あまり 覚えられません。ときどき 日曜日に 車で デパートへ 行きます。私は 車を 運転しません。いつも 弟が 運転します。家族との 週末は いつも 楽しいです。

보기 私は テニスが できます。 (○)

① 母は テニスが できません。 ( )

② 父は 料理が できます。 ( )

③ 私は おいしい ケーキを 作ることが できます。 ( )

④ 弟は ホラー映画が 見られません。 ( )

⑤ 弟が うるさくて 私は あまり 勉強できません。 ( )

⑥ 私は 車が 運転できます。 ( )

마츠리

마츠리(祭り)는 수확기의 마을 축제에서 생겨난 것으로, 신을 맞이해 그 계시를 듣고 환대해서 보내는 행사입니다. 마츠리를 행하는 장소에 깃발을 세우고 가구라(神楽, 신에게 제사 지낼 때 연주하는 무악), 사자춤, 북 등의 예능으로 신을 맞이합니다. 현재는 각 지역의 전통적인 마츠리는 줄어들고 종교적인 색채도 희박해져 의식도 간략화되고 있는 추세입니다. 그러나 지금도 일본인들은 마츠리를 좋아하여 하츠모데(初詣, 정월의 첫 참배), 세츠분(節分, 입춘 전날 콩을 뿌려서 잡귀를 쫓는 행사), 히나마츠리(雛祭り, 3월 3일의 여자아이의 명절), 하나마츠리(花祭り, 4월 8일에 불상에 감차를 뿌리는 행사), 단고노셋쿠(端午の節句, 5월 5일의 남자아이의 명절), 다나바타(七夕, 7월 7일의 칠석제), 우라봉에(うら盆会, 7월 15일에 조상의 명복을 비는 불교 행사), 히강(彼岸, 춘분이나 추분 전후의 7일간에 행하는 불교 행사), 츠키미(月見, 8월 15일과 9월 13일의 밤의 달맞이), 시치고산(七五三, 아이들 성장을 축하하는 행사) 등 여러 가지 마츠리를 합니다. 특히 여름에는 마츠리가 많아 일본 각지에서 계속해서 행해지고 있으며 많은 관광객을 끌어 모으고 있습니다. 이 무렵에는 밤하늘을 장식하는 불꽃놀이(花火)도 큰 규모로 열리는데 창공에 쏘아 올려지는 불꽃의 아름다움은 말로 표현할 수 없을 정도입니다.

Lesson 09

10分(じゅっぷん)ほど歩(ある)いたら、郵便局(ゆうびんきょく)があります。

10분 정도 걸으면, 우체국이 있습니다.

Track 50

낱말과 표현 Key Words & Expressions

郵便局(ゆうびんきょく)
우체국

駅(えき)
역

となり
옆

バス停(てい)
버스정류장

手伝う(てつだう)
돕다

曲がる(まがる)
돌다

勝つ(かつ)
이기다

卒業する(そつぎょうする)
졸업하다

牛乳(ぎゅうにゅう)
우유

妻(つま)
부인

結婚(けっこん)
결혼

買い物(かいもの)
쇼핑

ハンサムだ
핸섬하다

スケジュール
스케줄

食事(しょくじ)
식사

お金(かね)
돈

짧막 대화

1 ジナ　今、駅のコンビニにいます。
(いま　えき)

中沢先生　駅を出たら、すぐ右に曲がってください。
(で　みぎ　ま)

10分ほど歩いたら、郵便局があります。
(じゅっぷん　ある　ゆうびんきょく)

そのとなりがうちです。

2 ジナ　わかりました。何か必要なものがありませんか。
(なに　ひつよう)

中沢先生　コンビニに牛乳があったら、お願いします。
(ぎゅうにゅう　ねが)

3

ジナ　　はい。他(ほか)には？

中沢先生　　大丈夫(だいじょうぶ)です。雨(あめ)だったら、バスに乗(の)ってください。

二(ふた)つ目(め)のバス停(てい)です。

4

中沢先生　　難(むずか)しかったら、電話(でんわ)してくださいね。

ジナ　　はい。少(すこ)し遅(おそ)くなっても、心配しないでください。

では、またあとで。

동사 たら형

1그룹 동사	く → いたら ぐ → いだら	おく(놓다) → おいたら(놓으면) 泳(およ)ぐ(수영하다) → 泳いだら(수영하면)
		*예외 行(い)く(가다) → 行ったら(가면)
	う つ → ったら る	使(つか)う(사용하다) → 使ったら(사용하면) 勝(か)つ(이기다) → 勝ったら(이기면) 座(すわ)る(앉다) → 座ったら(앉으면)
	ぬ ぶ → んだら む	死(し)ぬ(죽다) → 死んだら(죽으면) 呼(よ)ぶ(부르다) → 呼んだら(부르면) 飲(の)む(마시다) → 飲んだら(마시면)
	す → したら	話(はな)す(말하다) → 話したら(말하면)
2그룹 동사	る → たら	食(た)べる(먹다) → 食べたら(먹으면) 見(み)る(보다) → 見たら(보면)
3그룹 동사		する(하다) → したら(하면) 来(く)る(오다) → 来(き)たら(오면)

* 예외 1그룹 동사 : 동사의 형태상으로는 2그룹 동사이나 실제로는 1그룹 동사의 활용을 하므로 주의

入(はい)る(들어가다) → 入ったら(들어가면)　　知(し)る(알다) → 知ったら(알면)

帰(かえ)る(돌아가다) → 帰ったら(돌아가면)　　走(はし)る(달리다) → 走ったら(달리면)

要(い)る(필요하다) → 要ったら(필요하면)

イ형용사	安い(싸다)	安かったら(싸면)
	お金が ない(돈이 없다)	お金が なかったら(돈이 없으면)
	おいしい(맛있다)	おいしかったら(맛있으면)

ナ형용사	静かだ(조용하다)	静かだったら(조용하면)
	好きだ(좋아하다)	好きだったら(좋아하면)
	暇だ(한가하다)	暇だったら(한가하면)

1

A 今、駅の コンビニに います。

지금 역의 편의점에 있습니다.

B 駅を 出たら、すぐ 右に 曲がって ください。

역을 나오면 바로 오른쪽으로 돌아 주세요.

１０分ほど 歩いたら、郵便局が あります。

10분 정도 걸으면 우체국이 있습니다.

その となりが うちです。

그 옆이 우리집입니다.

出る(나오다)	出たら(나오면)
歩く(걷다)	歩いたら(걸으면)
ある(있다)	あったら(있으면)

例 今、電話 大丈夫ですか。

- すみません。家へ 帰ったら、すぐ 電話します。

낱말과 표현

今 지금 | 駅 역 | コンビニ 편의점 | 右 오른쪽 | 曲がる 돌다 | ほど 정도 | 郵便局 우체국 | となり 옆
うち (자기) 집 | 電話 전화 | 大丈夫だ 괜찮다 | 家 집 | 帰る 돌아가다 | すぐ 곧, 바로

2

A わかりました。何(なに)か 必要(ひつよう)な ものが ありませんか。

　알겠습니다. 뭔가 필요한 것이 없습니까?

B コンビニに 牛乳(ぎゅうにゅう)が あったら、お願(ねが)いします。

　편의점에 우유가 있으면 부탁합니다.

例 今(いま)、パン屋(や)です。何か ほしい物(もの)が ありますか。

- 食(しょく)パンが あったら、お願いします。

3

A はい。他(ほか)には？

　예. 그 외에는?

B 大丈夫(だいじょうぶ)です。雨(あめ)だったら、バスに 乗(の)って ください。二(ふた)つ目(め)の バス停(てい)です。

　괜찮습니다. 비가 오면 버스를 타세요. 두 번째 버스정류장입니다.

例 雪(ゆき)だったら、傘(かさ)を 使(つか)って ください。

- はい、わかりました。どうも。

낱말과 표현

必要(ひつよう)だ 필요하다 | もの 물건, 것 | 牛乳(ぎゅうにゅう) 우유 | パン屋(や) 빵집 | 食(しょく)パン 식빵 | 他(ほか) 그 외, 그 밖 | 雨(あめ) 비 | バス 버스 | 乗(の)る 타다 | 二(ふた)つ目(め) 두 번째 | バス停(てい) 버스정류장 | 雪(ゆき) 눈 | 傘(かさ) 우산 | 使(つか)う 쓰다, 사용하다

4 A 難しかったら、電話して くださいね。
어려우면 전화해 주세요.

B はい。少し 遅くなっても、心配しないで ください。
예. 조금 늦어져도 걱정하지 마세요.

では、また あとで。
그럼, 또 나중에.

難しい(어렵다)	難しかったら(어려우면)
早い(빠르다)	早かったら(빠르면)
寒い(춥다)	寒かったら(추우면)

遅い(늦다)	遅くなる	遅くなっても
暑い(덥다)	暑くなる	暑くなっても
有名だ(유명하다)	有名になる	有名になっても
先生(선생님)	先生になる	先生になっても

例 早く 終わったら、連絡 お願いします。
暑かったら、窓を 開けても いいですよ。

낱말과 표현
難しい 어렵다 | 少し 조금 | 心配する 걱정하다 | また 또 | 早く 빨리 | 終わる 끝나다 | 連絡 연락
窓 창문 | 開ける 열다

말하기 연습

＊보기와 같이 이야기해 보세요.

1

보기

駅(えき)を 出(で)た ら、

右(みぎ)に 曲(ま)がって ください 。

① お金(かね)が ある　 ② 卒業(そつぎょう)する　③ 練習(れんしゅう)しない　④ 早(はや)く 寝(ね)ない

旅行(りょこう)に 行(い)きたいです　会社(かいしゃ)で 働(はたら)きます　上手(じょうず)に なりません　朝(あさ) 起(お)きられません

2

보기

難(むずか)しかった ら、

電話(でんわ)して ください 。

① 安(やす)い　② 寒(さむ)い　③ 難(むずか)しくない　④ 忙(いそが)しくない

買(か)います　窓(まど)を 閉(し)めて ください　読(よ)みたいです　一緒(いっしょ)に 行(い)きませんか

③

보기

雨(あめ)だった ら、

バスに 乗(の)って ください 。

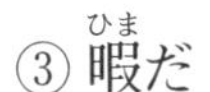

① 学生(がくせい)　② 冬(ふゆ)じゃない　③ 暇(ひま)だ　④ 好(す)きじゃない

安(やす)いです　できません　手伝(てつだ)って ください　食(た)べません

④

보기

遅(おそ)くなって も

心配(しんぱい)しないで ください 。

① 勉強(べんきょう)する　② お金(かね)が ある　③ 古(ふる)い　④ 静(しず)かじゃない

覚(おぼ)えられません　買(か)えません　便利(べんり)です　大丈夫(だいじょうぶ)です

듣기 문제 Listening

Track 55

1 다음을 듣고 알맞은 답을 고르세요.

보기 時間(じかん)が あります。 ／時間が ありません。

① 勉強(べんきょう)したいです。 ／働(はたら)きたいです。

② ゴルフに 行(い)きたいです。 ／ゴルフに 行きたくないです。

③ 本(ほん)を 読(よ)みました。 ／本を 読んで いません。

④ すぐ 帰(かえ)ります。 ／すぐ 帰りません。

⑤ ハンサムな 人(ひと)が いいです。 ／ 親切(しんせつ)な 人が いいです。

⑥ お金(かね)が ほしいです。 ／時間が ほしいです。

2 다음을 듣고 시간순으로 알맞은 답을 골라 넣으세요.

社長(しゃちょう)の今日(きょう)のスケジュール

9時：	(보기 ⑤)
10時：	( )
12時：	( )
	( )
3時：	( )
6時：	( )

① 三木(みき)さんと 会議(かいぎ)

② 田中(たなか)さんの レポートを 見(み)る

③ 松本(まつもと)さんと 会議

④ 松本さんと 電話(でんわ)

⑤ ミーティング

⑥ グラハムさんと 食事(しょくじ)

게임 GAME

*아래 글을 읽고 보기와 같이 알맞은 답을 세요.

私の夢

A) 私は 来年 大学に 入ったら、アルバイトが したいです。そして、夏に なったら、海へ 行きたいです。

B) 今は 仕事が 忙しくて、英語の 勉強を しても、すぐ 忘れます。会社で 2年 働いたら、アメリカへ 行って、英語を 勉強したいです。

C) 私は 大学で サッカーを して います。子供が できたら、週末 一緒に サッカーが したいです。

D) 来年、子供が 大学を 卒業したら、妻と 二人で 旅行に 行きたいです。行きたい 国は オーストラリアです。

E) 子供が 大学に 入って、晩ご飯を 作っても、あまり 家で 食べません。これから 夕食は 主人と レストランで 食べたいです。

F) 私は 料理が 上手じゃありませんが、結婚したら、おいしい 料理を 作りたいです。

칼럼

COLUMN

일본의 먹을거리

ラーメン　라면에는 대표적으로 돼지뼈를 우려낸 국물로 만든 돈코츠 라면(豚骨ラーメン), 간장으로 국물 맛을 낸 쇼유 라면(醤油ラーメン)이 있으며, 그 밖에도 지역에 따라 특징이 있는 다양한 종류의 라면이 있습니다.

丼　우리말로 덮밥을 일본에서는 돈부리(どんぶり)또는 줄여서 '돈(どん)'이라고 합니다. 튀김을 얹어 먹는 덮밥인 텐동(天丼), 닭고기와 계란 푼 것을 얹어 먹는 '오야코돈(親子丼)', 쇠고기 볶음을 얹어 먹는 규동(牛丼) 등 밥 위에 올리는 음식에 따라 종류가 달라집니다.

お好み焼き　우리나라에서도 이제 흔하게 먹을 수 있는 대표적인 일본 음식인 오코노미야키. 밀가루 반죽에 고기, 야채, 해산물 등의 여러 가지 재료들을 섞어 철판에 부쳐서 먹는 요리로, 우리나라의 부침개과 자주 비교가 됩니다.

たこ焼き　삶은 문어(たこ) 조각을 넣어서 굽는다(やく)고 해서 다코야키인데, 밀가루 반죽에 잘게 썬 문어와 파를 넣고 구워 가츠오부시, 소스, 마요네즈 등을 뿌려서 먹는 음식입니다. 오코노미야키와 더불어 가장 대중적인 간식입니다.

すし　우리나라 여행객이 주로 이용하는 회전초밥(回転寿司). 다양한 생선회를 넣어 만든 초밥, 어린이를 위한 와사비누키(わさび抜き), 김을 둘러서 만든 군칸마키(軍艦巻き)등 많은 종류의 초밥이 있습니다. 초밥을 먹을 때 입맛을 살려주는 초생강을 가리(がり)라고 합니다.

Lesson 10

音楽(おんがく)を聞(き)きながら自転車(じてんしゃ)に乗(の)ってはいけません。

음악을 들으면서 자전거를 타서는 안 됩니다.

Track 56 

낱말과 표현 Key Words & Expressions

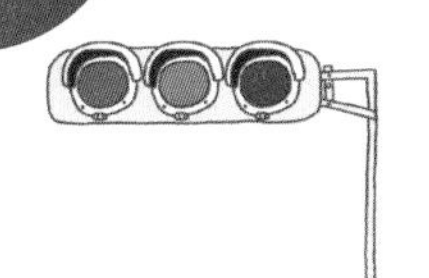 **信号**(しんごう) 신호	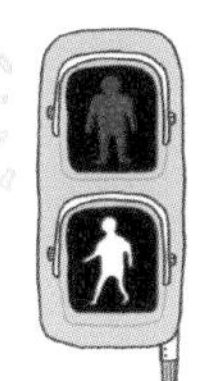 **赤信号**(あかしんごう) 적신호	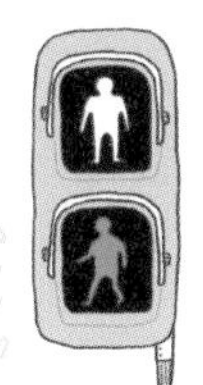 **青信号**(あおしんごう) 청신호	 **自転車**(じてんしゃ) 자전거
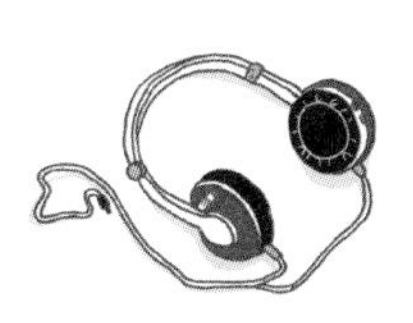 **ヘッドホン** 헤드폰	 **変**(か)**わる** 변하다, 바뀌다	 **落**(お)**とす** 떨어뜨리다	 **声**(こえ)**をかける** 말을 걸다
 **急**(いそ)**ぐ** 서두르다	 **かくす** 숨기다	 **逃**(に)**げる** 도망치다	 **がまんする** 참다
 **危**(あぶ)**ない** 위험하다	 **速**(はや)**い** (속도가) 빠르다	 **テスト** 테스트	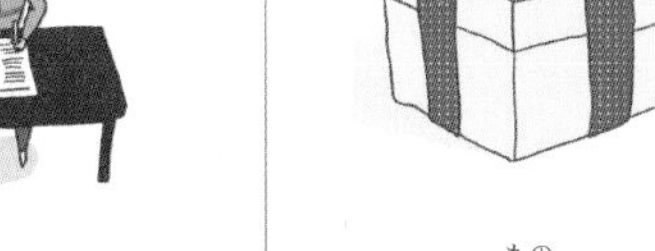 **物**(もの) 물건, 것

짤막 대화

1 ジェレミー　あ、信号(しんごう)が赤(あか)になる。急(いそ)げ。
変(か)わるな、信号(しんごう)。

2 おまわりさん　そこの自転車(じてんしゃ)、待(ま)ちなさい。
すぐにとまりなさい。

ジェレミー　まだ赤信号(あかしんごう)じゃありませんでしたが。

3 おまわりさん　いいえ、信号(しんごう)じゃありません。ヘッドホンで音楽(おんがく)を聞(き)きながら自転車(じてんしゃ)に乗(の)ってはいけません。危(あぶ)ないですよ。

ジェレミー　はい、わかりました。どうもすみません。

4 おまわりさん　かばんからいろいろな物(もの)を落(お)としながら走(はし)っていましたよ。ずっと声(こえ)をかけながらきましたが、とても速(はや)くて… はい、どうぞ。

ジェレミー　どうもありがとうございます。

본문 설명

(1) 동사 ます형 + ～ながら ~하면서(동시동작)

동사	ます형	～ながら
行く(가다)	行きます(갑니다)	行きながら(가면서)
読む(읽다)	読みます(읽습니다)	読みながら(읽으면서)
食べる(먹다)	食べます(먹습니다)	食べながら(먹으면서)
する(하다)	します(합니다)	しながら(하면서)

例 お茶を 飲みながら 話して います。
音楽を 聞きながら 勉強します。

(2) 동사 ます형 + ～なさい ~하시오(지시의 의미)

동사	ます형	～なさい
書く(쓰다)	書きます(씁니다)	書きなさい(쓰시오)
見る(보다)	見ます(봅니다)	見なさい(보시오)
する(하다)	します(합니다)	しなさい(하시오)
勉強する(공부하다)	勉強します(공부합니다)	勉強しなさい(공부하시오)

例 テレビばかり 見て いないで 勉強しなさい。
早く 帰りなさい。

(3) 동사 명령형

1그룹	2그룹	3그룹
行く(가다) → 行け	見る(보다) → 見ろ	来る(오다) → 来い
飲む(마시다) → 飲め	逃げる(도망가다) → 逃げろ	する(하다) → しろ

낱말과 표현

お茶 (마시는) 차 | 飲む 마시다 | 話す 말하다 | 音楽 음악 | 聞く 듣다 | 勉強する 공부하다
テレビ 텔레비전 | ～ばかり ~만, ~뿐 | 早く 빨리 | 帰る 돌아가다

1 A あ、信号(しんごう)が 赤(あか)に なる。急(いそ)げ。変(か)わるな、信号(しんごう)。
아, 신호가 적색으로 되네. 서둘러. 바뀌지마, 신호야.

동사의 기본형 +な = 금지의 명령형

行(い)く(가다) ···› 行くな	飲(の)む(마시다) ···› 飲むな
する(하다) ···› するな	来(く)る(오다) ···› 来るな

読(よ)む(읽다)	読め	読みなさい
食(た)べる(먹다)	食べろ	食べなさい

例 早(はや)く 行(い)け。遅刻(ちこく)だ。
まだ 終(お)わって ないよ。帰(かえ)るな。

2 B そこの 自転車(じてんしゃ)、待(ま)ちなさい。すぐに とまりなさい。
거기 자전거, 기다리세요. 바로 멈추세요.

A まだ 赤信号(あかしんごう)じゃありませんでしたが。
아직 적신호는 아니었는데요.

待(ま)つ(기다리다)	待て	待ちなさい
とまる(멈추다, 세우다)	とまれ	とまりなさい

例 まず 本(ほん)を 読(よ)みなさい。
ご飯(はん)を 食(た)べてから テレビを 見(み)なさい。

낱말과 표현

信号(しんごう) 신호 | 赤(あか) 빨강 | 急(いそ)ぐ 급하다, 서두르다 | 変(か)わる 변하다 | 遅刻(ちこく) 지각 | まだ 아직 | 終(お)わる 끝나다
帰(かえ)る 돌아가다 | 自転車(じてんしゃ) 자전거 | 待(ま)つ 기다리다 | すぐ 곧, 바로 | 赤信号(あかしんごう) 적신호 | まず 우선 | 本(ほん) 책
ご飯(はん) 밥

③

B いいえ、信号(しんごう)じゃありません。ヘッドホンで
아니요, 신호 때문이 아닙니다. 헤드폰으로

音楽(おんがく)を 聞(き)きながら 自転車(じてんしゃ)に 乗(の)っては いけません。
음악을 들으면서 자전거를 타서는 안 됩니다.

危(あぶ)ないですよ。
위험해요.

A はい、わかりました。どうも すみません。
예, 알겠습니다. 매우 죄송합니다.

聞(き)く(듣다)	聞きます	聞きながら

例 新聞(しんぶん)を 読(よ)みながら 運転(うんてん)しては いけません。

④

B かばんから いろいろな 物(もの)を 落(お)としながら 走(はし)って
가방에서 여러 가지 물건을 떨어뜨리면서 달리고

いましたよ。ずっと 声(こえ)を かけながら きましたが、
있었어요. 계속 소리를 지르며 따라왔습니다만,

とても 速(はや)くて… はい、どうぞ。
너무 빨라서… 자, 받으세요.

A どうも ありがとうございます。
대단히 감사합니다.

落(お)とす(떨어뜨리다)	落とします	落としながら
かける(걸다)	かけます	かけながら

例 テレビを 見(み)ながら 新聞を 読んで いました。
電話(でんわ)を しながら 掃除(そうじ)を して いました。

낱말과 표현

ヘッドホン 헤드폰 | 音楽(おんがく) 음악 | 乗(の)る 타다 | 危(あぶ)ない 위험하다 | 新聞(しんぶん) 신문 | 運転(うんてん) 운전 | かばん 가방
いろいろ 여러 가지 | 物(もの) 물건 | 走(はし)る 달리다 | 声(こえ)をかける 말을 걸다 | とても 매우
速(はや)い (속도가) 빠르다 | 電話(でんわ) 전화 | 掃除(そうじ) 청소

말하기 연습 Drills

＊보기와 같이 이야기해 보세요.

1

보기

とまり なさい。

①

書(か)く

②

食(た)べる

③

寝(ね)る

④

がまんする

2

보기

音楽(おんがく)を 聞(き)き ながら

自転車(じてんしゃ)に 乗(の)り ます。

① 歩(ある)く

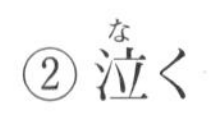

② 泣(な)く

③ コーヒーを飲(の)む

④ テレビを見(み)る

お菓子(かし)を食べる　うちへ帰(かえ)る　新聞(しんぶん)を読(よ)む　勉強(べんきょう)する

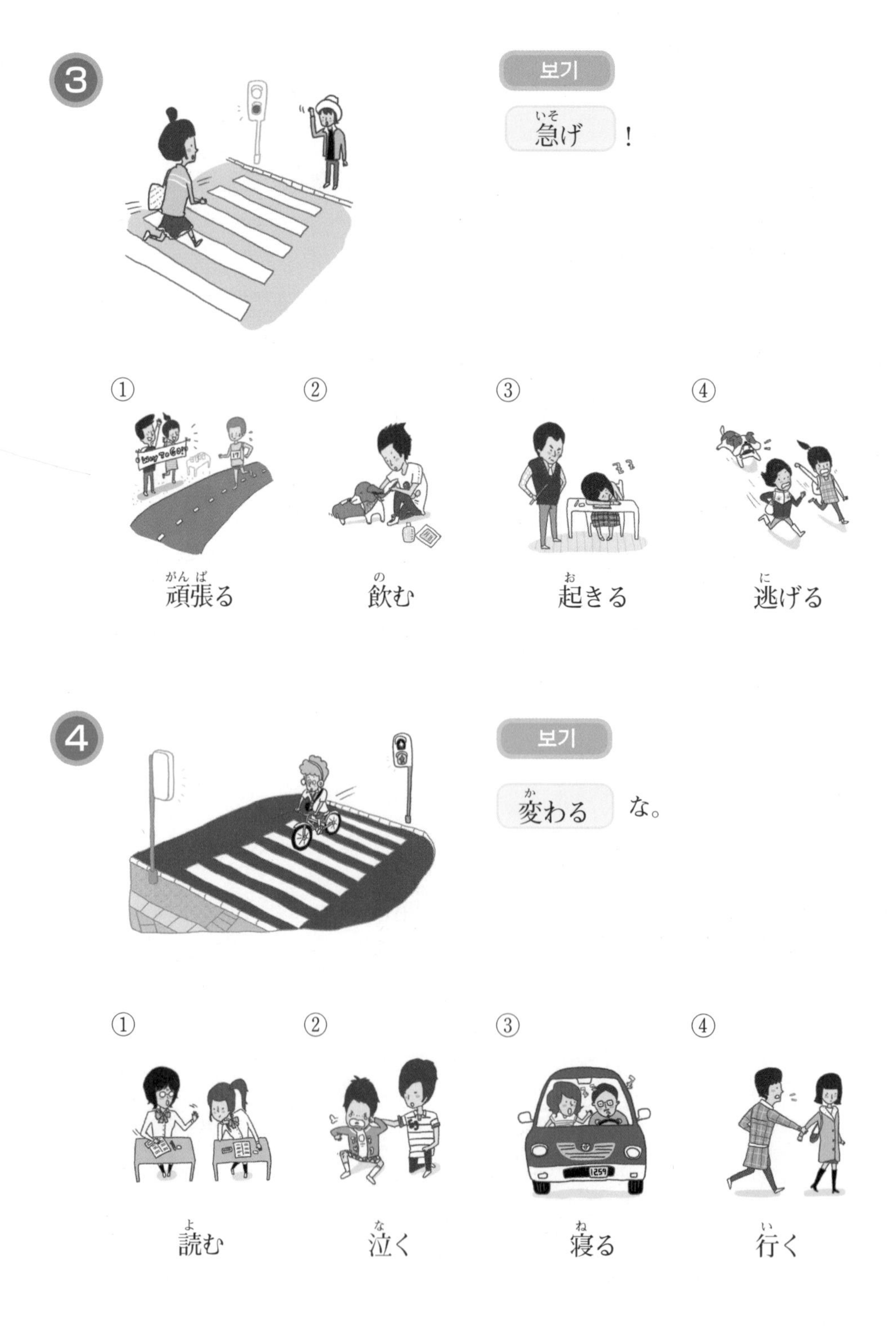
3
보기
急げ！
① 頑張る
② 飲む
③ 起きる
④ 逃げる
4
보기
変わるな。
① 読む
② 泣く
③ 寝る
④ 行く

듣기 문제

Track 61

1 다음을 듣고 알맞은 답을 고르세요.

보기 (いそげ) ／ いそぐな

① おきろ ／ おきるな

② まて ／ まつな

③ のれ ／ のるな

④ のめ ／ のむな

⑤ かくせ ／ かくすな

2 다음을 듣고 알맞은 답을 고르세요.

① ケビン （　　　　） ② トム （　　　　） ③ アン （　　　　）

④ ジョン （　　　　） ⑤ ミン （　　　　） ⑥ 先生(せんせい) （　　　　）

게임 GAME

*그림을 보고 보기와 같이 아래에서 말을 골라 알맞게 바꿔 넣으세요.

(1)

のむ	~~いそぐ~~	がんばる	にげる	おきる	みる

(2)

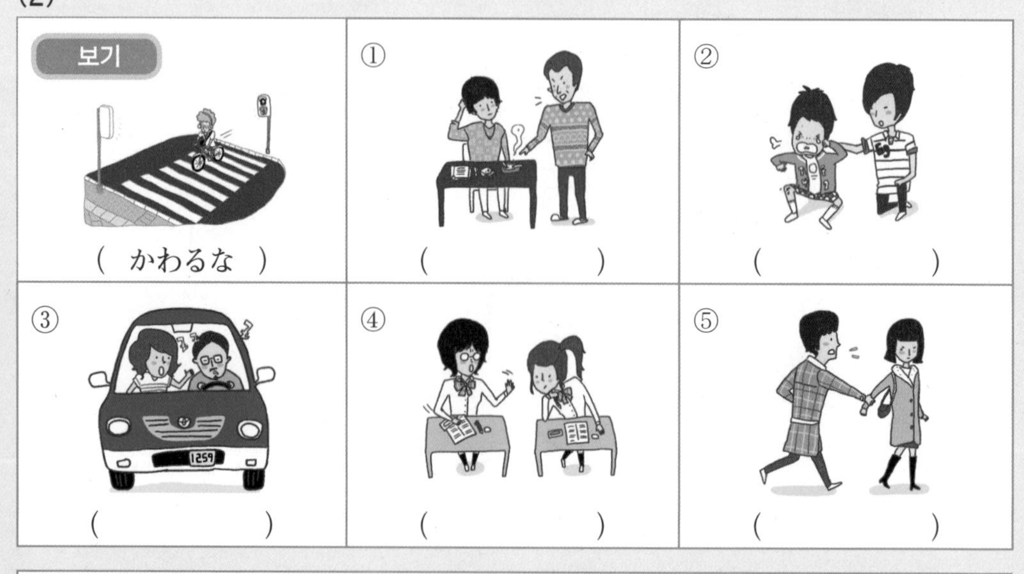

ねる	なく	いく	よむ	~~かわる~~	すう

Lesson 11

にほん　はたら
日本で働くつもりです。

일본에서 일할 예정입니다.

Track 62

낱말과 표현 Key Words & Expressions

びじゅつかん
美術館
미술관

え
絵
그림

しょうらい
将来
장래

りゅうがく
留学
유학

いしゃ
医者
의사

ごうかく
合格
합격

ゆめ
夢
꿈

かんこくご
韓国語
한국어

デザイナー
디자이너

イタリア
이탈리아

パーティー
파티

ダイエット
다이어트

はこ
運ぶ
운반하다, 나르다

けっこんしき
結婚式
결혼식

りょこう
旅行
여행

きょうと
京都
교토

짤막 대화

1 直子　ジナさん、週末暇だったら、美術館に行きませんか。

ジナ　はい。朝は図書館に行こうと思っていますが、午後は大丈夫です。

---

2 直子　ジナさんは絵が好きですか。

ジナ　はい、でも私は絵が下手ですが、姉は上手です。姉は将来デザイナーになると思います。

3 直子　ジナさんは国(くに)に帰(かえ)ったら、何(なに)をするつもりですか。

ジナ　私は国でも日本語(にほんご)を勉強(べんきょう)して先生(せんせい)になりたいです。

4 直子　日本語の先生ですか。

ジナ　いいえ、日本人(にほんじん)に韓国語(かんこくご)を教(おし)える先生になろうと思(おも)っています。そして日本で働(はたら)くつもりです。

본문 설명

(1) 동사의 意向形(いこうけい)(~하자)

1그룹	2그룹	3그룹
読(よ)む(읽다) → 読もう	見(み)る(보다) → 見よう	来(く)る(오다) → 来(こ)よう
話(はな)す(말하다) → 話そう	食(た)べる(먹다) → 食べよう	する(하다) → しよう

(2) 意向形 + と 思(おも)っています (~하려고 생각하고 있습니다)

자신의 행동에 대한 의사표현

行(い)く(가다)	行こう	行こうと 思って います
食べる(먹다)	食べよう	食べようと 思って います
する(하다)	しよう	しようと 思って います

(3) 辞書形(じしょけい) + と 思います (~다고 생각합니다)

타인의 행동이나 의사표현

見る(보다)	学生(がくせい)も 見ると 思います。
来る(오다)	明日(あした)は 来ると 思います。

(4) 辞書形 + つもりです (~할 예정입니다)

동사의 기본형에 접속하여 자신의 생각이나 예정의 표현

今日(きょう)は お寺(てら)へ 行く つもりです。

これから もっと 頑張(がんば)る つもりです。

夏休(なつやす)みには ダイエットする つもりです。

낱말과 표현

学生(がくせい) 학생 | 明日(あした) 내일 | 今日(きょう) 오늘 | お寺(てら) 절 | もっと 더, 더욱 | 頑張(がんば)る 힘내다, 노력하다
夏休(なつやす)み 여름방학 | ダイエット 다이어트

1 A ジナさん、週末(しゅうまつ) 暇(ひま)だったら、美術館(びじゅつかん)に 行(い)きませんか。
지나 씨, 주말 여유 있으면 미술관에 가지 않겠습니까?

B はい。朝(あさ)は 図書館(としょかん)に 行(い)こうと 思(おも)って いますが、
예, 아침에 도서관에 가려고 생각하고 있습니다만,

午後(ごご)は 大丈夫(だいじょうぶ)です。
오후에는 괜찮습니다.

有名(ゆうめい)だ(유명하다)	有名だったら(유명하다면)
元気(げんき)だ(건강하다)	元気だったら(건강하다면)

例 時間(じかん)が あったら、一緒(いっしょ)に 行きませんか。
明日(あした)は 勉強(べんきょう)しようと 思って いますが、今日(きょう)は 休(やす)みます。

2 A ジナさんは 絵(え)が 好(す)きですか。
지나 씨는 그림을 좋아합니까?

B はい、でも 私(わたし)は 絵が 下手(へた)ですが、姉(あね)は 上手(じょうず)です。
예, 하지만 저는 그림을 못 그립니다만, 언니는 잘 그립니다.

姉は 将来(しょうらい) デザイナーに なると 思います。
언니는 장래에 디자이너가 될 거라고 생각합니다.

~が好(す)きだ ~를 좋아하다　~が嫌(きら)いだ ~를 싫어하다

~が上手(じょうず)だ ~를 잘하다　~が下手(へた)だ ~를 잘 못하다

낱말과 표현

週末(しゅうまつ) 주말 | 暇(ひま)だ 한가하다 | 美術館(びじゅつかん) 미술관 | 朝(あさ) 아침 | 図書館(としょかん) 도서관 | 午後(ごご) 오후 | 大丈夫(だいじょうぶ)だ 괜찮다
時間(じかん) 시간 | 一緒(いっしょ)に 함께 | 明日(あした) 내일 | 勉強(べんきょう) 공부 | 今日(きょう) 오늘 | 休(やす)む 쉬다 | 絵(え) 그림 | 姉(あね) 언니, 누나
将来(しょうらい) 장래 | デザイナー 디자이너

将来(しょうらい) デザイナーに なろうと 思います。(자신)

将来 デザイナーに なると 思(おも)います。(타인)

例 妹(いもうと)は 音楽(おんがく)が 好(す)きですが、私(わたし)は 運動(うんどう)が 好きです。
いつかは 日本語(にほんご)が 上手(じょうず)に なると 思います。

3

A ジナさんは 国(くに)に 帰(かえ)ったら、何(なに)を する つもりですか。
지나 씨는 고국으로 돌아가면 무엇을 할 예정입니까?

B 私は 国でも 日本語(にほんご)を 勉強(べんきょう)して 先生(せんせい)に なりたいです。
저는 제 나라에서도 일본어를 공부해서 선생님이 되고 싶습니다.

帰(かえ)る (돌아가다)	帰ったら (돌아가면)
起(お)きる (일어나다)	起きたら (일어나면)
する (하다)	したら (하면)

食(た)べる (먹다)	食べたい	食べたいです	何が 食べたいですか
行(い)く (가다)	行きたい	行きたいです	どこへ 行きたいですか
なる (되다)	なりたい	なりたいです	先生(せんせい)に なりたいですか

例 試験(しけん)に 合格(ごうかく)したら、何を する つもりですか。
年(とし)を とったら、日本(にほん)で 先生に なりたいです。

낱말과 표현

妹(いもうと) 여동생 | 音楽(おんがく) 음악 | 運動(うんどう) 운동 | いつか 언젠가 | 国(くに) 나라, 고국 | 帰(かえ)る 돌아가다 | 勉強(べんきょう)する 공부하다
先生(せんせい) 선생님 | 試験(しけん) 시험 | 合格(ごうかく)する 합격하다 | 年(とし)をとる 나이를 먹다

4

A 日本語の 先生ですか。
일본어 선생님입니까?

B いいえ、日本人(にほんじん)に 韓国語(かんこくご)を 教(おし)える 先生に なろうと 思(おも)って います。そして、日本で 働(はたら)く つもりです。
아니요, 일본인에게 한국어를 가르치는 선생님이 되려고 생각하고 있습니다. 그리고 일본에서 일할 예정입니다.

先生に なる (선생님이 되다)	先生に なろうと 思って います
デザイナーに なる (디자이너가 되다)	デザイナーに なろうと 思って います

例 りっぱな 母(はは)に なろうと 思って います。
夜(よる)まで 勉強(べんきょう)する つもりです。

教(おし)える 가르치다 | 働(はたら)く 일하다 | りっぱだ 훌륭하다 | 母(はは) 어머니 | 夜(よる) 밤

말하기 연습

＊보기와 같이 이야기해 보세요.

1

보기

行(い)こう 。

① 

歌(うた)う

② 飲(の)む

③ 

見(み)る

④ 

来(く)る

보기

私(わたし)は 図書館(としょかん)へ 行(い)こう と 思(おも)って います。

① 

医者(いしゃ)に なる

② 

温泉(おんせん)に 入(はい)る

③ 

6時(ろくじ)に 起(お)きる

④ 

留学(りゅうがく)する

3

보기

姉(あね) は デザイナーに なる と 思(おも)います。

① 父(ちち)　② ピーター　③ 友達(ともだち)　④ 安田(やすだ)さん

夜(よる) 帰(かえ)ります　今日(きょう) 休(やす)みます　お金(かね)を 返(かえ)します　10時(じゅうじ)に 来(き)ます

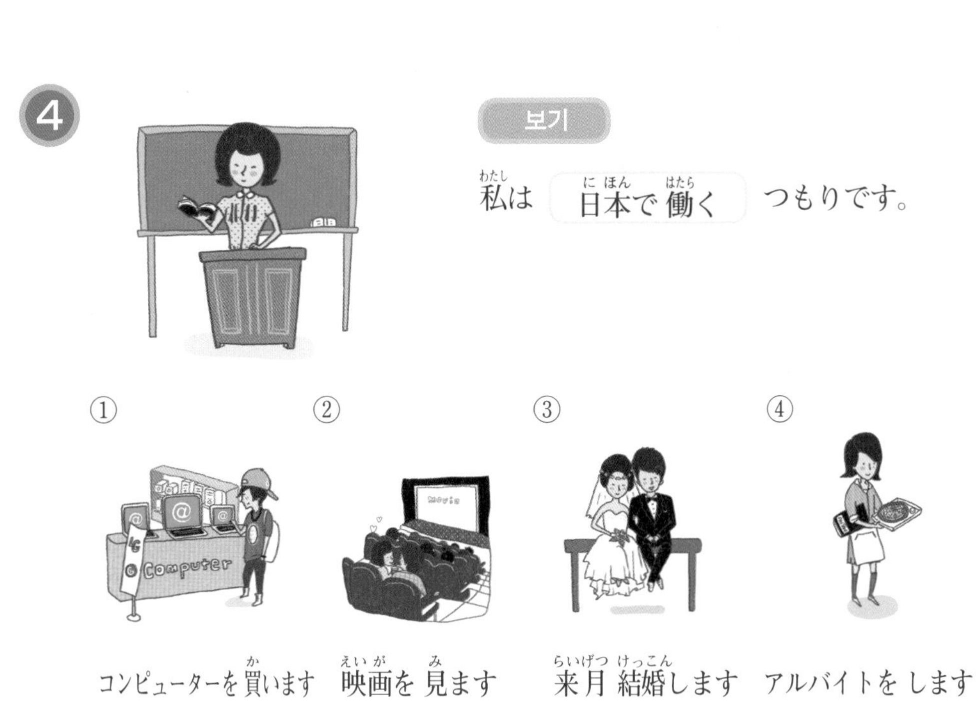

4

보기

私(わたし)は 日本(にほん)で 働(はたら)く つもりです。

①　②　③　④

コンピューターを 買(か)います　映画(えいが)を 見(み)ます　来月(らいげつ) 結婚(けっこん)します　アルバイトを します

듣기 문제 Listening

Track 67

1 다음을 듣고 알맞은 답을 고르세요.

보기 いる つもりです / (いく つもりです)

① すう つもりです / かう つもりです

② うつ つもりです / まつ つもりです

③ かえす つもりです / はなす つもりです

④ みる つもりです / ねる つもりです

2 다음을 듣고 알맞은 답을 고르세요.

보기 (a) お母(かあ)さんと プレゼントを 見(み)ようと 思(おも)って います。

b お母さんに プレゼントを 買(か)おうと 思って います。

① a レストランで 働(はたら)こうと 思って います。

b 恋人(こいびと)に 料理(りょうり)を 作(つく)ろうと 思って います。

② a 京都(きょうと)で 勉強(べんきょう)しようと 思って います。

b 京都へ 旅行(りょこう)に 行(い)こうと 思って います。

③ a 韓国(かんこく)の 会社で 働こうと 思って います。

b 日本(にほん)の 会社(かいしゃ)で 働こうと 思って います。

④ a 私(わたし)は 結婚式(けっこんしき)に 行こうと 思います。

b メグさんは 結婚式に 行くと 思います。

＊다음 글을 읽고 질문에 대답해 보세요.

ミジンさんの 夢

私の 母は 高校の 日本語の 先生で、私も 5歳から 日本語を 勉強しました。そして、大きくなったら、先生に なりたいと 思って いました。

大学に 入って、アメリカや 日本からの 学生と 友達に なりました。去年、日本に 1年 留学したかったですが、とても 高くて 行けませんでした。

来年 大学を 卒業したら、日本で アルバイトを しながら 勉強しようと 思って います。そして、国に 帰ったら、中学校の 先生に なる つもりです。

① ミジンさんの お母さんの 仕事は 何ですか。

② ミジンさんは 何歳から 日本語を 勉強しましたか。

③ ミジンさんは アメリカに 行った ことが ありますか。

④ ミジンさんは 日本に 留学した ことが ありますか。

⑤ ミジンさんは いつ 大学を 卒業しますか。

⑥ 大学を 卒業してから 何を する つもりですか。

⑦ ミジンさんの 将来の 夢は 何ですか。

칼럼 COLUMN

가부키

가부키(歌舞伎)는 일본의 전통적인 민중 연극의 하나입니다. 에도(江戸)시대 초기, 서민의 예능으로 시작되어 에도 막부로부터 이따금 탄압을 받으면서도 400년에 걸쳐 사람들에게 사랑을 받아 왔습니다. 노(能, 일본의 대표적인 가면 음악극)와 교겐(狂言, 노의 막간에 상연하는 희극)이 600년 전 완성된 일본 귀족과 무사 계급의 예능이었다면, 가부키는 대중 속에서 대중의 지지 아래 뿌리를 내린 대중의 연극이라 할 수 있습니다. 특히 의상의 아름다움, 호화로운 무대와 장치, 독특한 화장법과 동작으로 사람들을 즐겁게 해주고 있으며, 회전 무대나 무대 바닥의 일부를 뚫어 배우와 도구를 오르내리게 하는 장치로 변화를 가하여 무대 위에서 순식간에 의상을 바꿔 입거나 공중 회전을 하는 등의 신기한 아이디어가 행해지고 있습니다. 배우들은 모두 남자들이며 특히 가부키의 꽃인 여자 역할을 하는 사람을 오야마(女形)라고 부르는데 여자보다 더 여자답다고 합니다. 가부키 배우는 세습제로 대부분 가부키 집안에서 태어나 어린 시절부터 오랜 수련기간을 거치며, 부친이나 스승으로부터 이름, 연기형식, 팬까지 물려 받는다고 합니다. 오늘날에는 제자로 들어가거나 국립극장 연수를 받아 가부키 배우가 되는 사람도 있습니다.

Lesson 12 泥棒(どろぼう)にかばんを盗(ぬす)まれました。

도둑에게 가방을 도둑맞았어요.

Track 68

낱말과 표현 Key Words & Expressions

おまわりさん
순경

交番(こうばん)
파출소

叫(さけ)び声(ごえ)
외치는 소리

泥棒(どろぼう)
도둑

盗(ぬす)む
훔치다

捕(つか)まえる
잡다, 붙잡다

驚(おどろ)く
놀라다

助(たす)ける
구하다

叱(しか)る
혼내다

ほめる
칭찬하다

壊(こわ)す
부수다

喜(よろこ)ぶ
기뻐하다

建(た)てる
(건물을) 짓다

反対(はんたい)する
반대하다

招待(しょうたい)する
초대하다

間違(まちが)える
잘못하다, 착각하다

짤막 대화

1 ジェレミー　実(じつ)は先週(せんしゅう)、音楽(おんがく)を聞(き)きながら自転車(じてんしゃ)に乗(の)っていて、おまわりさんに叱(しか)られました。

ジナ　そうですか。私(わたし)も昨日(きのう)交番(こうばん)に行(い)きました。

2 ジェレミー　ジナさんもですか。どうして。

ジナ　目(め)の前(まえ)でおばあさんが泥棒(どろぼう)にかばんを盗(ぬす)まれました。でも、私がその泥棒を捕(つか)まえたんです。

Track 69~72

3 ジェレミー　ええ、ジナさんが。どうやって捕まえましたか。

ジナ　泥棒が私の叫び声に驚いて、川に落ちたんです。

泥棒はおまわりさんに助けられました。

4 ジェレミー　おばあさんは大丈夫でしたか。

ジナ　はい、おばあさんにはとても喜ばれました。

そして、おまわりさんにもほめられました。

~(ら)れる

수동, 가능, 자발, 존경의 네 가지 의미로 구분할 수 있다.

그 가운데 가장 대표적인 기능이라 할 수 있는 것이 수동의 의미이다.

(1) 수동의 의미는 '~해지다', '~함을 당하다' 등의 뜻으로 피해의식이 없는 의미도 있고 자신이 피해를 받는다는 의미도 내포하고 있다.

電車(でんしゃ)の 中(なか)で となりの 人(ひと)に 足(あし)を 踏(ふ)まれました。

(2) 가능의 의미는 1그룹 동사의 경우는 行(い)く→行ける、飲(の)む→飲める의 가능동사를 사용하고 2그룹 동사와 3그룹 동사의 아래의 표와 같이 사용한다. 즉 1그룹의 가능표현은 れる를 사용하여 표현할 수 없다.(8과 참고)

辛(から)い 料理(りょうり)が 食(た)べられますか。

(3) 자발의 의미는 '생각난다', '느껴진다', '걱정된다' 등의 자연히 발생하는 현상을 표현한다.

ドラえもんを 見(み)ると 昔(むかし)の 友達(ともだち)の ことが 思(おも)い出(だ)されます。

(4) 존경의 의미도 표현할 수 있다. (14과 참고)

先生(せんせい)は いつ 来(こ)られますか。

1그룹 (ない형+れる)	2그룹 (ない형+られる)	3그룹
読(よ)む(읽다) → 読まれる	教(おし)える(가르치다) → 教えられる	する(하다) → される
言(い)う(말하다) → 言われる	見(み)る(보다) → 見られる	来(く)る(오다) → 来(こ)られる
書(か)く(쓰다) → 書かれる	食(た)べる(먹다) → 食べられる	
呼(よ)ぶ(부르다) → 呼ばれる	いる(있다) → いられる	
帰(かえ)る(돌아가다) →帰られる	出(で)る(나오다) → 出られる	

낱말과 표현

電車(でんしゃ) 전철 | となり 옆 | 足(あし) 다리, 발 | 踏(ふ)む 밟다 | 辛(から)い 맵다 | 料理(りょうり) 요리 | ドラえもん 도라에몽(일본 애니메이션) | 昔(むかし) 옛날 | 友達(ともだち) 친구 | 思(おも)い出(だ)す 생각나다 | 先生(せんせい) 선생님 | いつ 언제

1 A 実は 先週、音楽を 聞きながら 自転車に
실은 지난 주 음악을 들으면서 자전거를
乗って いて、おまわりさんに 叱られました。
타서 경찰에게 혼났습니다.
B そうですか。私も 昨日 交番に 行きました。
그렇습니까. 나도 어제 파출소에 갔었습니다.

수동 叱る 혼내다 叱られる 혼나다

例 運転しながら 電話をして、罰金を 取られました。
絵が 上手に かけて、先生に ほめられました。

2 A ジナさんもですか。どうして。
지나 씨도요? 왜요?
B 目の 前で おばあさんが 泥棒に かばんを
눈 앞에서 할머니가 도둑에게 가방을
盗まれました。でも、私が その 泥棒を 捕まえたんです。
도둑맞았어요. 하지만, 제가 그 도둑을 잡았습니다.

수동 盗む 훔치다 盗まれる 도난당하다, 도둑맞다

例 顔色が 悪いですね。どうしたんですか。
昨日 雨に 降られて、風邪を 引きました。

낱말과 표현

実は 실은 | 先週 지난 주 | 音楽 음악 | 聞く 듣다 | 自転車 자전거 | 昨日 어제 | おまわりさん 순경, 경관 | 昨日 어제 | 交番 파출소 | 運転 운전 | 電話 전화 | 罰金 벌금 | 取る 취하다, 빼앗다 | 絵 그림 | 上手だ 잘하다 | かく (그림을) 그리다 | ほめる 칭찬하다 | 目の前 눈 앞, 목전 | 泥棒 도둑 | かばん 가방 | 捕まえる 잡다, 붙잡다 | 顔色 얼굴색 | 悪い 나쁘다 | 雨 비 | 降る (비, 눈 등이) 내리다 | 風邪を引く 감기에 걸리다

3 A ええ、ジナさんが。どうやって 捕(つか)まえましたか。
네에? 지나 씨가요? 어떻게 잡았습니까?

B 泥棒(どろぼう)が 私(わたし)の 叫(さけ)び声(ごえ)に 驚(おどろ)いて、川(かわ)に 落(お)ちたんです。
도둑이 제가 외치는 소리에 놀라서 강에 떨어졌어요.

泥棒は おまわりさんに 助(たす)けられました。
도둑은 경찰에게 구해졌어요.

수동 助ける 구하다, 구조하다 助けられる 구해지다, 구조받다

例 電車(でんしゃ)の 中(なか)で 足(あし)を 踏(ふ)まれました。
約束(やくそく)の 時間(じかん)に 遅(おく)れて、友達(ともだち)に 怒(おこ)られました。

4 A おばあさんは 大丈夫(だいじょうぶ)でしたか。
할머니는 괜찮으셨습니까?

B はい、おばあさんには とても 喜(よろこ)ばれました。
예, 할머니는 매우 기뻐하셨습니다.

そして、おまわりさんにも ほめられました。
그리고 경찰에게도 칭찬받았습니다.

존경 喜(よろこ)ぶ 기뻐하다 喜ばれる 기뻐하시다

수동 ほめる 칭찬하다 ほめられる 칭찬받다

例 忙(いそが)しい 時(とき)、友達に 助けられました。
試験(しけん)の 点数(てんすう)が よくて、母(はは)に ほめられました。

낱말과 표현

叫(さけ)び声(ごえ) 외치는 소리 | 驚(おどろ)く 놀라다 | 川(かわ) 강 | 落(お)ちる 떨어지다 | 電車(でんしゃ) 전철 | 約束(やくそく) 약속 | 時間(じかん) 시간 | 遅(おく)れる 늦다 | 怒(おこ)る 화내다 | 大丈夫(だいじょうぶ)だ 괜찮다 | 喜(よろこ)ぶ 기뻐하다 | 忙(いそが)しい 바쁘다 | 時(とき) 때 | 試験(しけん) 시험 | 点数(てんすう) 점수 | 母(はは) 어머니

말하기 연습 Drills

＊보기와 같이 이야기해 보세요.

1

보기

叱(しか)られます 。

① 壊(こわ)す　② 盗(ぬす)む　③ 助(たす)ける　④ ほめる

2

보기

私(わたし)は おまわりさん に

叱(しか)られました 。

① おばあさん/喜(よろこ)ぶ　② おまわりさん/ほめる　③ 先生(せんせい)/招待(しょうたい)する　④ 友達(ともだち)/電話(でんわ)する

③

보기

私(わたし)は 泥棒(どろぼう) に かばん を 盗(ぬす)まれました 。

① 女(おんな)の人(ひと)

足(あし)/踏(ふ)む

② 兄(あに)

ケーキ/食(た)べる

③ 母(はは)

ノート/見(み)る

④ 誰(だれ)か

くつ/間違(まちが)える

④

보기

泥棒が 落(お)ちた んです。

①

昨日(きのう) お酒(さけ)を 飲(の)みました

②

恋人(こいびと)と 別(わか)れました

③

明日(あした) テストが あります

④

来年(らいねん) 留学(りゅうがく)します

듣기 문제

Track 73

1 다음을 듣고 알맞은 답을 고르세요.

보기

(A)

①

(　　　)

②

(　　　)

③

(　　　)

2 다음을 듣고 알맞은 답을 고르세요.

보기 ⓐ 妹(いもうと)が 私(わたし)の バイクに 乗(の)りました。
b 私が 母(はは)の バイクに 乗りました。
c 妹が 私の 車(くるま)に 乗りました。

① a ヤンさんは キムさんの お昼(ひる)ご飯(はん)を 食(た)べました。
b ヘンリーさんは キムさんの お昼ご飯を 食べました。
c キムさんは ヤンさんの お昼ご飯を 食べました。

② a 友達(ともだち)は 私の 勉強(べんきょう)を 手伝(てつだ)いました。
b 先生(せんせい)は 私を ほめました。
c 私は 先生に 話(はな)しました。

게임 GAME

*그림을 보고 보기와 같이 다음 내용과 어울리는 상황을 고르세요.

보기 見(み)られました。 (B)

① たばこを 吸(す)われました。 ( )

② 話(はなし)を 聞(き)かれました。 ( )

③ 泣(な)かれました。 ( )

④ 足(あし)を 踏(ふ)まれました。 ( )

⑤ 叱(しか)られました。 ( )

⑥ 時計(とけい)を 壊(こわ)されました。 ( )

Lesson 13

ミルクを飲(の)ませたり、ご飯(はん)を食(た)べさせたりして、

우유를 마시게 하거나, 밥을 먹게 하거나 해서,

Track 74

낱말과 표현 Key Words & Expressions

 **ミルク** 우유	 **ホームステイ** 홈스테이	 **プリント** 프린트	 **荷物(にもつ)** 짐
 **甘(あま)える** 어리광부리다	 **確認(かくにん)する** 확인하다	 **拾(ひろ)う** 줍다	 **捨(す)てる** 버리다
 **びっくりする** 놀라다	 **心配(しんぱい)する** 걱정하다	 **がっかりする** 실망하다	 **練習(れんしゅう)する** 연습하다
 **写真(しゃしん)をとる** 사진을 찍다	 **母親(ははおや)** 모친, 어머니	 **コピー** 카피, 복사	 **部下(ぶか)** 부하

짤막 대화

1 店長　どうしましたか、ジナさん。疲れた顔ですね。

ジナ　週末、ホームステイのお兄さんが猫を拾ってきたんです。

2 店長　捨てられたんですか。

ジナ　はい、そうだと思います。それで、家族みんなでミルクを飲ませたり、ご飯を食べさせたりして、寝られませんでした。

3 店長　それは大変(たいへん)でしたね。猫(ねこ)は元気(げんき)になりましたか。

ジナ　はい、今(いま)はとても元気(げんき)です。甘(あま)えたり、遊(あそ)んだりして、家族(かぞく)を楽(たの)しませています。

---

4 ジナ　それで、すみませんが、少(すこ)し早(はや)く帰(かえ)らせてください。

店長　わかりました。スケジュールを確認(かくにん)させてくださいね。

사역의 표현

(さ)せる(~하게 하다)

사역은 남에게 어떤 행동을 하게 하거나 시키는 것을 말한다.

동사의 ない형에 (さ)せる를 연결하여 상대방에게 지시와 명령을 하는 의미로 표현된다.

1그룹 동사 : **ない형 + せる**
2그룹 동사 : **ない형 + させる**

例 子供(こども)に 本(ほん)を 読(よ)ませる。
先生(せんせい)は 学生(がくせい)に 単語(たんご)を 覚(おぼ)えさせる。
休(やす)みには 主人(しゅじん)に 掃除(そうじ)を させる。

1그룹 (ない형+せる)	2그룹 (ない형+させる)	3그룹
会(あ)う(만나다) → 会わせる	食(た)べる(먹다) → 食べさせる	する(하다) → させる
書(か)く(쓰다) → 書かせる	覚(おぼ)える(외우다) → 覚えさせる	来(く)る(오다) → 来(こ)させる
話(はな)す(말하다) → 話させる	考(かんが)える(생각하다) → 考えさせる	
待(ま)つ(기다리다) → 待たせる	寝(ね)る(자다) → 寝させる	
読(よ)む(읽다) → 読ませる	集(あつ)める(모으다) → 集めさせる	
帰(かえ)る(돌아가다) → 帰らせる	あける(열다) → あけさせる	

낱말과 표현

子供(こども) 아이 | 本(ほん) 책 | 読(よ)む 읽다 | 先生(せんせい) 선생님 | 学生(がくせい) 학생 | 単語(たんご) 단어 | 覚(おぼ)える 기억하다 | 休(やす)み 휴일 | 主人(しゅじん) 남편 | 掃除(そうじ) 청소

1

A どうしましたか、ジナさん。疲れた 顔ですね。
무슨 일 있으세요? 지나 씨. 피곤한 얼굴이네요.

B 週末、ホームステイの お兄さんが 猫を 拾って きたんです。
주말에 홈스테이의 오빠가 고양이를 주워 왔어요.

例 何か あったんですか。顔色が 悪いですね。
- 昨日 子供に 泣かれて、寝られませんでした。

2

A 捨てられたんですか。
버려진 것입니까?

B はい、そうだと 思います。それで、家族 みんなで ミルクを 飲ませたり、ご飯を 食べさせたり して、寝られませんでした。
예, 그렇다고 생각해요. 그래서 가족 모두가 우유를 마시게 하거나 밥을 먹게 하거나 해서, 잘 수가 없었어요.

捨てる(버리다)	捨てられる	捨てられます	飲む(마시다)	飲ませる	飲ませます
食べる(먹다)	食べさせる	食べさせます	寝る(자다)	寝られる	寝られます

例 いつも 主人に 運転させます。
日本語の 先生は 毎日 宿題を させます。

낱말과 표현

疲れる 피곤하다 | 顔 얼굴 | 週末 주말 | ホームステイ 홈스테이 | お兄さん 오빠, 형 | 猫 고양이 | 拾う 줍다 | 顔色 얼굴색 | 悪い 나쁘다 | 昨日 어제 | 泣く 울다 | 家族 가족 | ミルク 우유 | ご飯 밥 | いつも 언제나 | 運転する 운전하다 | 毎日 매일 | 宿題 숙제

3

A それは、大変(たいへん)でしたね。猫(ねこ)は 元気(げんき)になりましたか。
그거 힘들었겠네요. 고양이는 건강해졌습니까?

B はい、今(いま)は とても 元気(げんき)です。甘(あま)えたり、遊(あそ)んだり して、家族(かぞく)を 楽(たの)しませて います。
예, 지금은 매우 건강해요. 어리광부리거나 놀기도 하고 가족을 즐겁게 해주고 있어요.

楽(たの)しむ (즐겁다)	楽しませる	楽しませます

例 ユミさんは 先生(せんせい)に なりましたか。
- はい、教(おし)えたり、勉強(べんきょう)したり して、とても 忙(いそが)しいです。

4

A それで、すみませんが、少(すこ)し 早(はや)く 帰(かえ)らせて ください。
그래서 죄송합니다만, 조금 빨리 돌아가게 해 주세요.

B わかりました。スケジュールを 確認(かくにん)させて くださいね。
알겠습니다. 스케줄을 확인시켜 주세요.

帰(かえ)る(돌아가다)	帰らせる	帰らせて ください
確認(かくにん)する(확인하다)	確認させる	確認させて ください

~(さ)せて ください 허가를 겸손하게 요구하는 표현 (~하게 해 주십시오)

仕事(しごと)を やらせて ください。

例 私(わたし)に 電話(でんわ)させて ください。
荷物(にもつ)を 運(はこ)ばせて ください。

낱말과 표현

大変(たいへん)だ 힘들다 | 元気(げんき)だ 건강하다 | 今(いま) 지금 | とても 매우 | 甘(あま)える 응석부리다, 어리광부리다 | 遊(あそ)ぶ 놀다 | 教(おし)える 가르치다 | 勉強(べんきょう)する 공부하다 | 忙(いそが)しい 바쁘다 | 少(すこ)し 조금 | 早(はや)く 빨리 | スケジュール 스케줄 | 仕事(しごと) 일 | 電話(でんわ)する 전화하다 | 荷物(にもつ) 짐 | 運(はこ)ぶ 운반하다, 나르다

말하기 연습 Drills

＊보기와 같이 이야기해 보세요.

1

보기

飲(の)ませます。

① 

話(はな)す

② 

会(あ)う

③ 

覚(おぼ)える

④ 

勉強(べんきょう)する

2

보기

先生(せんせい) は 学生(がくせい) を 立(た)たせました。

① 先生/学生

座(すわ)る

② 先生/学生

泳(およ)ぐ

③ 母親(ははおや)/子供(こども)

寝(ね)る

④ 社長(しゃちょう)/部下(ぶか)

働(はたら)く

③

보기

私(わたし) は 猫(ねこ) に

ミルク を 飲(の)ませます 。

① 社長(しゃちょう)/部下(ぶか) ② 母親(ははおや)/子供(こども) ③ 先生(せんせい)/学生(がくせい) ④ 母親/子供

コピー/とる　クラシック/聞(き)く　プリント/集(あつ)める　ピアノ/練習(れんしゅう)する

④

보기

猫(ねこ) は 家族(かぞく) を

楽(たの)しませました 。

① 私/弟(おとうと) ② 男(おとこ)の人/恋人(こいびと) ③ 娘(むすめ)/父親(ちちおや) ④ 子供/両親(りょうしん)

泣(な)く　びっくりする　心配(しんぱい)する　がっかりする

5
보기
帰らせ てください。
① 休む
② 払う
③ 写真をとる
④ 電話する
6
보기
飲んだ り、食べた り
しました。
① 見る/話す
② 読む/書く
③ 泣く/笑う
④ 行く/来る

Track 79

1 다음을 듣고 내용과 같은 상황의 그림을 고르세요.

2 다음을 듣고 알맞은 답을 고르세요.

[先生(せんせい) / 学生(がくせい)] は [先生 / 学生] に かばんを 持(ま)たせます。

① [母親(ははおや) / 子供(こども)] は [母親 / 子供] を 寝(ね)させせます。

② [父親(ちちおや) / 子供] は [父親 / 子供] を 怒(おこ)らせます。

③ [両親(りょうしん) / 子供] は [両親 / 子供] を 喜(よろこ)ばせます。

④ [社長(しゃちょう) / 部下(ぶか)] は [社長 / 部下] に コピーを とらせます。

게임 GAME

＊그림을 보고 보기와 같이 알맞은 문장을 만들어 보세요.

보기 猫／家族／楽しむ

→猫は 家族を 楽しませました。

① 娘／父／心配する

→

② 先生／学生／覚える

→

③ 男の人／恋人／びっくりする

→

④ 母親／子供／ピアノ／練習する

→

⑤ 社長／部下／コピー／とる

→

⑥ 先生／学生／プリント／集める

→

칼럼

COLUMN

공원 둘러보기

上野公園

도쿄의 대표적인 공원으로 동물원, 국립 서양 미술관, 도쿄 국립 박물관, 도쿄 과학 박물관 등 남녀노소 누구나 즐길 수 있는 다양한 문화시설들이 갖추어져 있습니다. 벚꽃놀이 시즌이 되면 가장 많은 사람들이 몰리는 것으로도 유명합니다.

代々木公園

하라주쿠(原宿), 메이지 신궁(明治神宮)과 근접한 도심 공원. 주말에는 코스프레, 음악 밴드 등의 다양한 볼거리가 있으며 도쿄에서 가장 큰 규모의 프리마켓이 열린답니다.

新宿御苑

신주쿠 교엔은 일본 황실 전용 정원이었던 것이 1949년 국립 정원으로 지정되어 일반에 개방되었습니다. 공원은 프랑스, 영국, 일본식 정원으로 꾸며져 있으며 17만 6,000평의 광대한 면적으로 도심 속의 자연을 만끽할 수 있습니다.

お台場海浜公園

오다이바 해안을 따라 만든 인공 해변입니다. 해가 지면 도쿄만과 레인보우 브리지의 불빛들이 어우러진 아름다운 야경으로, 연인들에겐 데이트 코스로 가족들에겐 산책로로 각광받는 곳입니다.

三渓園

일본의 부호였던 하라 도미타로(原富太郎)가 자신의 아호인 산케이(三渓)를 따다가 이름 붙인 일본식 정원입니다. 계절마다 바뀌는 풍경의 조화가 감탄을 자아내며, 일본의 전통 가옥들을 볼 수 있습니다.

井の頭恩賜公園

일본을 대표하는 애니메이션 감독인 미야자키 하야오(宮崎駿) 감독의 지브리 미술관이 옆에 위치해 더욱 유명한 이노카시라온시 공원. 키치죠지(吉祥寺) 역에서 도보로 갈 수 있으며 봄철 벚꽃놀이의 명소로 인기가 높습니다.

山下公園

아름다운 야경으로 유명한 요코하마(横浜)의 야마시타 공원. 빨간 구두의 소녀상을 비롯 독특한 모양의 인도 수탑, 미국으로부터 받은 물의 수호신의 석상 등 갖가지 조형물들을 찾아 보는 재미도 놓치지 마세요.

Lesson 14

辛(から)いものを召(め)し上(あ)がりますか。

매운 것을 드십니까?.

Track 80 

낱말과 표현 Key Words & Expressions

 召(め)し上(あ)がる 잡수시다	 韓国料理(かんこくりょうり) 한국요리	 習(なら)う 배우다	 伺(うかが)う 찾아뵙다
 付(つ)き合(あ)う 사귀다	 送(おく)る 보내다, 데려다 주다	 社長(しゃちょう) 사장	 お客様(きゃくさま) 손님
 説明(せつめい) 설명	 案内(あんない) 안내	 紹介(しょうかい) 소개	 会議(かいぎ) 회의
 漢字(かんじ) 한자	 協力(きょうりょく) 협력	 キムチ 김치	 富士山(ふじさん) 후지산

짤막 대화

1 ジナ　ジェレミーさんは週末(しゅうまつ)何(なに)をなさいますか。

ジェレミー　映画(えいが)を見(み)たり、音楽(おんがく)を聞(き)いたりします。

ジナさんも音楽を聞かれますか。

---

2 ジナ　私(わたし)もクラシックを聞きながら料理(りょうり)を作(つく)ったりします。ジェレミーさんは辛(から)いものを召(め)し上(あ)がりますか。

ジェレミー　はい、よくいただきます。ジナさんは韓国料理(かんこくりょうり)をお作(つく)りになりますか。

3 ジナ　ええ。母(はは)から習(なら)いました。今度(こんど)ぜひ家(いえ)にいらっしゃってください。お作(つく)りします。

ジェレミー　伺(うかが)ってもいいんですか。

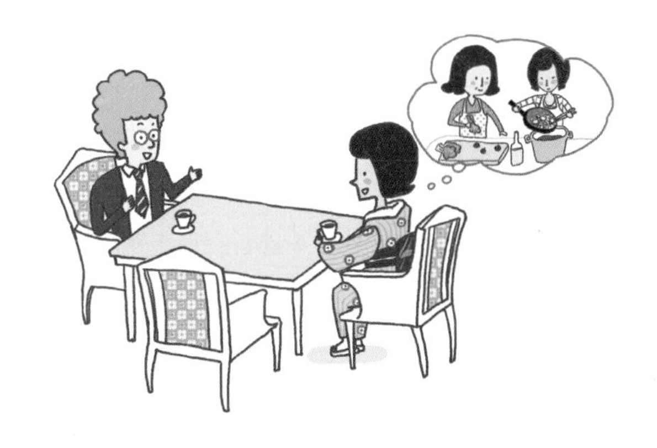

4 ジナ　いつでもどうぞ。

ジェレミー　ジナさん、私(わたし)とお付(つ)き合(あ)いください。

いえ、結婚(けっこん)していただけませんか。

본문 설명

경어(존경어, 겸양어)

(1) 존경어는 상대방을 높여 말할 때, 겸양어는 자신을 낮추어 표현할 때 사용한다.

先生が言いました。→ 先生がおっしゃいました。(존경어)

私が行きます。→ 私が参ります。(겸양어)

(2) 아래의 표와 같이 특별히 정해진 존경어, 겸양어가 없는 경우는 お＋ます형＋になる、

お＋ます형＋する를 사용하여 존경과 겸양의 의미를 표현한다.

社長は何時ごろお帰りになりましたか。(존경어)

よろしくお願いします。(겸양어)

(3) 경어 표현으로 단어 앞에 お、ご를 붙여 사용하기도 한다.

お元気ですか。　　いつご出発ですか。

(4) 단순히 ます、です를 사용하여 정중한 표현을 할 수 있다.

一緒に行きますか。　　大学生ですか。

기본형	존경어	겸양어
行く(가다)、来る(오다)	いらっしゃる	参る
いる(있다)		おる
食べる(먹다)、飲む(마시다)	召し上がる	いただく
聞く(듣다)	お聞きになる	伺う
訪ねる(방문하다)、訪問する(방문하다)		
言う(말하다)	おっしゃる	申す、申し上げる
くれる(주다)	くださる	
あげる(주다)		さしあげる
もらう(받다)		いただく
知る(알다)	ご存じだ	存じる
見る(보다)	ご覧になる	拝見する
する(하다)	なさる	いたす
会う(만나다)	お会いになる	お目にかかる

낱말과 표현

先生 선생님 | 社長 사장님 | 帰る 돌아가다 | 元気だ 건강하다 | 出発 출발 | 一緒に 함께 | 大学生 대학생

1

A ジェレミーさんは 週末(しゅうまつ) 何(なに)を なさいますか。
제레미 씨 주말에 무엇을 하십니까?

B 映画(えいが)を 見(み)たり、音楽(おんがく)を 聞(き)いたり します。
영화를 보거나 음악을 듣거나 합니다.

ジナさんも 音楽を 聞かれますか。
지나 씨도 음악을 들으십니까?

'가시다', '오시다'의 존경어 いらっしゃる보다 조동사 れる、られる를 붙여서 존경의 의미를 나타내는 行(い)かれる、来(こ)られる가 일상의 표현으로 자주 쓰인다. 그러므로 お読(よ)みになる보다 読(よ)まれる가 일상생활에서 더 편안하게 쓸 수 있는 경어라 할 수 있다.

来(く)る(오다) → 来られる　　行(い)く(가다) → 行かれる　　読(よ)む(읽다) → 読まれる

例 何時(なんじ)に 起(お)きられましたか。
先生(せんせい)が 書(か)かれた 本(ほん)ですか。

2

A 私(わたし)も クラシックを 聞きながら 料理(りょうり)を 作(つく)ったり します。
저도 클래식을 들으면서 요리를 만들기도 합니다.

ジェレミーさんは 辛(から)いものを 召(め)し上(あ)がりますか。
제레미 씨는 매운 것을 드십니까?

B はい、よく いただきます。
예, 잘 먹습니다.

ジナさんは 韓国(かんこく)料理を お作りになりますか。
지나 씨는 한국요리를 만드십니까?

お+ます형+になる (~하시다)

先生(せんせい)は いつごろ お帰(かえ)りになりますか。

낱말과 표현

週末(しゅうまつ) 주말 | 映画(えいが) 영화 | 音楽(おんがく) 음악 | 何時(なんじ) 몇 시 | 起(お)きる 일어나다 | 書(か)く 쓰다 | 本(ほん) 책 | クラシック 클래식
料理(りょうり) 요리 | 作(つく)る 만들다 | 辛(から)い 맵다 | 召(め)し上(あ)がる 잡수시다 | いただく 먹다, 받다 | 韓国料理(かんこくりょうり) 한국요리

例 日本語(にほんご)の 勉強(べんきょう)は どのぐらい なさいましたか。
今日(きょう)の 新聞(しんぶん)を お読(よ)みに なりましたか。

③

A ええ。 母(はは)から 習(なら)いました。 今度(こんど) ぜひ 家(いえ)に
예. 엄마한테 배웠습니다. 다음에 꼭 집으로

いらっしゃって ください。 お作(つく)りします。
놀러 와 주세요. 만들겠습니다.

B 伺(うかが)っても いいんですか。
찾아가도 괜찮습니까?

例 明日(あした)までに お届(とど)けします。
私(わたし)が ご案内(あんない)します。

④

A いつでも どうぞ。
언제라도 오세요.

B ジナさん、 私と お付(つ)き合(あ)い ください。
지나 씨, 저와 사귀어 주세요.

いえ、 結婚(けっこん)して いただけませんか。
아니, 결혼해 주시지 않겠습니까?

お+ます형+ください 상대방에게 정중한 부탁의 표현 (~해 주세요)

妹(いもうと)さんに よろしく お伝(つた)え ください。

例 どうぞ、お召(め)し上(あ)がり ください。
ぜひ お許(ゆる)し ください。

낱말과 표현

いつごろ 언제쯤 | 勉強(べんきょう) 공부 | 今日(きょう) 오늘 | 新聞(しんぶん) 신문 | 母(はは) 어머니 | 習(なら)う 배우다 | 今度(こんど) 이번, 다음
ぜひ 꼭 | いらっしゃる 오시다, 가시다, 계시다 | 伺(うかが)う 찾아뵙다 | 明日(あした) 내일 | 届(とど)ける 보내다, 전하다
案内(あんない) 안내 | 付(つ)き合(あ)う 사귀다 | 結婚(けっこん)する 결혼하다 | 妹(いもうと) 여동생 | 伝(つた)える 전하다 | 許(ゆる)す 허락하다, 용서하다

말하기 연습 Drills

＊보기와 같이 이야기해 보세요.

보기

ジェレミーさん は 音楽(おんがく) を

聞(き)かれ ます。

① ヨウ　② 先生(せんせい)　③ 社長(しゃちょう)　④ ジョアン

お酒(さけ)／飲(の)む　外国語(がいこくご)／話(はな)す　ゴルフ／する　明日(あした)パーティー(に)／来(く)る

2

보기

ジナさん は 料理(りょうり) を

お 作(つく)り になります。

① ファン　② 先生　③ 社長　④ 社長

本(ほん)／書(か)く　漢字(かんじ)／教(おし)える　たばこ／吸(す)う　お客様(きゃくさま)(と)／会(あ)う

3
보기
お 付(つ)き合(あ)い ください。
①
②
③
④
上(あ)がる
待(ま)つ
書(か)く
使(つか)う
4
보기
結婚(けっこん)し ていただけませんか。
①
②
③
④
連絡(れんらく)する
教(おし)える
見(み)る
もらう

5
보기 お 作り します。
① 手伝う
② 話す
③ 送る
④ 持つ
6
보기 ご 説明 します。
① 案内
② 紹介
③ 連絡
④ 協力
Information

듣기 문제 Listening

1 다음을 듣고 알맞은 답을 고르세요.

보기 (よみます) / もちます

① ききます / いきます

② みます / いきます

③ います / きます

④ かえります / います

⑤ あげます / もらいます

2 다음을 듣고 알맞은 답을 고르세요.

보기 誰(だれ)が 待(ま)って いますか。 ((お客(きゃく)さま) / 私(わたし))

① 誰が 話(はな)しますか。 (先生(せんせい) / 私)

② 誰が 飲(の)みますか。 (田中(たなか)さん / 私)

③ 誰が 行(い)きますか。 (カンさん / 私)

④ 誰が 持(も)ちますか。 (社長(しゃちょう) / 私)

⑤ 誰が 見(み)ましたか。 (東(ひがし)先生 / 私)

Track 85

3 남자는 무엇을 합니까? 다음을 듣고 알맞은 답을 고르세요.

보기 a 社長に 電話を します。

ⓑ 社長を 待ちます。

c 帰ります。

① a エレンさんの 会社に 行きます。

b エレンさんに 電話を します。

c エレンさんと 一緒に 食事を します。

② a 先生の 本を 書きます。

b 先生から 本を もらいます。

c 先生の 本を 見ます。

③ a 西川さんに 会議の 話を する。

b 西川さんと 会議を する。

c 西川さんと 会議に 行く。

게임 GAME

*그림을 보고 보기와 같이 알맞은 답을 고르세요.

보기 田中社長(たなかしゃちょう)は ゴルフを
- いたしますか。
- なさいますか。(○)

① 私(わたし)は いつも ビールを
- 召(め)し上(あ)がります。
- いただきます。

② 私の 先生(せんせい)は 漢字(かんじ)を よく
- 存(ぞん)じております。
- ご存じです。

③ 明日(あした)の パーティーに
- いらっしゃってください。
- 参(まい)ってください。

④ 昨日(きのう) キム社長に
- お目(め)にかかりました。
- ご覧(らん)になりました。

⑤ 重(おも)そうですね。
- お持(も)ちします。
- お持ちになります。

⑥ レナさん どうぞ。駅(えき)まで
- お乗(の)りください。
- お乗りします。

Lesson

15 총정리

Final Exercises

확인 문제

1 아래의 표를 완성하세요.

	あわない	あいます	あう	あえます	あおう
1그룹			かく		
			およぐ		
			はなす		
			まつ		
			はこぶ		
			よむ		
			はいる		
2그룹			たべる		
			おぼえる		
3그룹			する		
			勉強(べんきょう)する		
			くる		

2 보기와 같이 빈 칸에 알맞은 조사를 넣으세요.

보기 私(わたし) (は) 大学生(だいがくせい)です。

① 私は ジナさん (　) ぬいぐるみ (　) もらいました。

② あそこ (　) コンビニ (　) あります。

③ レストラン (　) ジュース (　) 飲(の)みたいです。

④ その ケーキを 買(か)って (　) いいですが、食(た)べて (　) いけません。

⑤ ここ (　) 携帯電話(けいたいでんわ) (　) 使(つか)わない (　) ください。

⑥ キムさん (　) 日本(にほん) (　) 行(い)った こと (　) ありますか。

⑦ 掃除機(そうじき) (　) 使(つか)う (　) 、部屋(へや)が きれい (　) なります。

⑧ 私は 大(おお)きな 声(こえ) (　) あいさつ (　) できます。

⑨ 駅(えき) (　) 出(で)たら、右(みぎ) (　) 曲(ま)がって ください。

⑩ 音楽(おんがく) (　) 聞(き)きながら、自転車(じてんしゃ) (　) 乗(の)って (　) いけません。

⑪ あなたは 国(くに) (　) 帰(かえ)ったら、何(なに) (　) する つもりですか。

⑫ 私は 日本語(にほんご) (　) 先生(せんせい) (　) なろう (　) 思(おも)って います。

③ 보기와 같이 올바른 것에 동그라미 치세요.

보기 ジナさんに ぬいぐるみを
(あげます / もらいます)。

① マルさんは かばんを (もらいました / くれました)。

② 私(わたし)に チョコレートを (もらいました / くれました)。

③ 私は カリンさんに CDを (あげました / もらいました)。

④ 母(はは)は 私に ゆびわを (あげました / くれました)。

4 보기와 같이 올바른 것에 동그라미 치세요.

보기 昨日(きのう) ジナさんが この 映画(えいが)を (見(み)そうです／見るそうです／見たそうです)。

① あれ、暗(くら)いですね。雨(あめ)が（降(ふ)りそうです／降るそうです／降りました）。

② この ネクタイは 去年(きょねん) 母が 私(わたし)に（くれました／あげました／もらいました）。

③ 大学(だいがく)を (卒業(そつぎょう)すると／卒業したら／卒業しても) 会社(かいしゃ)で 働(はたら)くつもりです。

④ 弟(おとうと)に 私の 日記(にっき)を (見ました／見れました／見られました)。

⑤ すみませんが、加藤先生(かとうせんせい)は (おりますか／いらっしゃいますか／ございますか)。

⑥ 父(ちち)は いつも 私に 本(ほん)を (読(よ)ませます／読まれます／読めます)。

⑦ 大丈夫(だいじょうぶ)ですか。かばんを (お持(も)ちします／お持ちになります／持たれます)。

⑧ １００点(ひゃくてん)を 取(と)って 両親(りょうしん)に (喜(よろこ)ばせました／喜べました／喜ばれました)。

⑨ その 写真(しゃしん)、ちょっと 私に (見てください／見せてください／見られてください)。

5 보기와 같이 올바른 것에 동그라미 치세요.

보기 日本(にほん)は (とても／あまり／よく) 暑(あつ)いです。

① (また／まだ／もう) お昼(ひる)ご飯(はん)を 食(た)べましたか。

② どうしましたか。(何(なに)が／何も／何か) 悩(なや)みが ありますか。

③ 私(わたし)は(一度(いちど)だけ／一度も／何度(なんど)も) 遊園地(ゆうえんち)へ 行(い)った ことが ありません。

④ (ぜひ／でも／だから) 今度(こんど)、私の 家(いえ)に 来(き)て くださいね。

6 보기와 같이 문맥에 맞게 동사를 바꿔 보세요.

보기 A：ここで たばこを (吸(す)う→　吸っても) いいですか。

B：ええ、どうぞ。

① A： あの、ここに 車(くるま)を (とめる→　　　　　　) ください。

B： どうも すみません。

② A： 夜(よる) 寝(ね)る 前に この 薬(くすり)を (飲(の)む→　　　　　　) ください。

B： はい。ありがとうございます、先生(せんせい)。

③ A： ジェレミーさんが 教室(きょうしつ)で (待(ま)つ→　　　　　　) いましたよ。

B： ああ、(忘(わす)れる→　　　　　　) いました。すぐ 行(い)きます。

④ A： 明日(あした) お弁当(べんとう)を (準備(じゅんび)する→　　　　　　) ほうが いいですか。

B： いいえ、すぐ 終(お)わりますから (準備する→　　　　　　) ほうが いいです。

⑤ A：見て ください。この ケーキ、とても (おいしい→　　　　　　) そうですよ。

B：昨日 友達に 聞きました。この お店は (有名→　　　　　　) そうですよ。

⑥ A：扇風機を つけましょうか。少し (すずしい→　　　　　　) なります。

B：今日は 暑いですね。お願いします。

⑦ A：道が (難しい→　　　　　　)、電話して ください。

B：はい、少し (遅くなる→　　　　　　)、心配しないで ください。

⑧ A：音楽を (聞く→　　　　　　) ながら 自転車に 乗っては いけません。

B：はい、わかりました。どうも すみません。

⑨ A：私は 来年 アメリカへ (留学する→　　　　　　) と 思って います。

B：何を 勉強する つもりですか。

⑩ A：昨日、目の 前で おばあさんが 泥棒に かばんを (盗む→　　　　　　)。

B：でも 私が その 泥棒を (捕まえる→　　　　　　) んです。

⑪ A：疲れた 顔ですね。

B：ええ、昨日 猫が 食欲が なくて、私が ミルクを
(飲む→　　　　　　) り、ご飯を (食べる→　　　　　　) り、
しました。大変でした。

⑫ A：パクさん、明日 10時まで (働く→　　　　　　) か。

B：明日は できませんが、明後日は 大丈夫です。

7 보기와 같이 알맞은 문장을 만들어 보세요.

보기 ジェレミーさんの サンドイッチは おいしいです。

→ ジェレミーさんの サンドイッチは おいしい そうです。

① 新幹線(しんかんせん)は 速(はや)いです。

→

② ジナさんは 遊園地(ゆうえんち)が 好(す)きです。

→

③ 母(はは)は 明日(あした) カレーを 作(つく)ります。

→

④ アリヤさんは インドネシアから 来(き)ました。

→

8 보기와 같이 알맞은 문장을 만들어 보세요.

보기 お金(かね)が あります。/ オーストラリアへ 行(い)きたいです。

→お金が あったら、オーストラリアへ 行きたいです。

① 安(やす)いです。/ 買(か)います。

→

② 子供(こども)です。/ お金を 払(はら)わなくても いいです。

→

③ 静(しず)かじゃありません。/ 寝(ね)られません。

→

④ お酒(さけ)を 飲(の)みます。/ 運転(うんてん)できません。

→

9 그림을 보고 보기와 같이 알맞은 문장을 만들어 보세요.

보기

音楽(おんがく)を 聞(き)きながら
自転車(じてんしゃ)に 乗(の)ります。

① ② ③ ④

①

②

③

④

10 보기와 같이 같은 의미의 문장을 만들어 보세요.

보기 おまわりさんは 泥棒(どろぼう)を 捕(つか)まえました。

→ 泥棒は おまわりさんに 捕まえられました。

① 弟(おとうと)が 私(わたし)の アイスクリームを 食(た)べました。

→

② 父(ちち)が 私を 起(お)こしました。

→

③ 社長(しゃちょう)が 私(わたし)を 呼(よ)びました。

→

④ 男(おとこ)の人(ひと)が 私の かさを 盗(ぬす)みました。

→

11 보기와 같이 올바른 것에 동그라미 치세요.

보기 A：すみません、社長(しゃちょう)は（いらっしゃいますか ／ おりますか）。

B：はい、少(すこ)し お待(ま)ち ください。

① A：先生(せんせい)に（さしあげた ／ いただいた）本(ほん)、とても おもしろかったです。どうも ありがとうございました。

B：いいえ、どういたしまして。

② A：社長、今朝(けさ)の 新聞(しんぶん)を（ご覧(らん)になりました ／ 拝見(はいけん)しました）か。

B：見(み)ました。すぐに アメリカの 会社(かいしゃ)に 電話(でんわ)を して ください。

③ A：韓国(かんこく)の お菓子(かし)です。（召(め)し上(あ)がって ／ いただいて）ください。

B：ありがとうございます。とても おいしそうですね。

④ A：私は アメリカから（いらっしゃいました ／ 参(まい)りました）トミーと申(もう)します。どうぞ よろしく お願(ねが)いします。

B：私は 松本(まつもと)です。こちらこそ どうぞ よろしく。

정답 Answer

Lesson 01

말하기 연습

1
① 本(ほん)／友達(ともだち)
② 花(はな)／恋人(こいびと)
③ おこづかい／弟(おとうと)
④ ケーキ／姉(あね)

2
① 母(はは)／ゆびわ
② 友達(ともだち)／ドーナッツ
③ 先生(せんせい)／成績表(せいせきひょう)
④ 父(ちち)／さいふ

3
① しがつ
② ごがつ
③ しちがつ
④ くがつ
⑤ じゅうにがつ

4
① ふつか　② いつか
③ むいか　④ ようか
⑤ じゅうよっか　⑥ はつか
⑦ にじゅうににち　⑧ にじゅうくにち

듣기문제

1
① 2月5日　② 4月6日
③ 6月9日　④ 7月14日
⑤ 9月10日　⑥ 11月20日
⑦ 12月29日

2
① 3月7日　② 5月5日
③ 11月9日　④ 12月24日

3

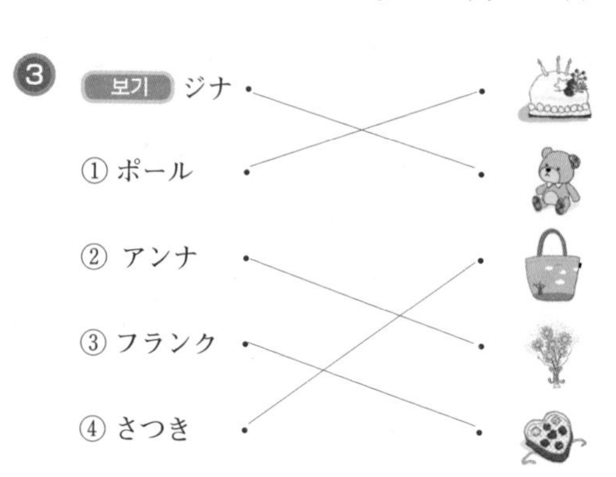

GAME

SUN.	MON.	TUE.	WED.	THU.	FRI.	SAT.
	보기 ついたち	ふつか	みっか	よっか	いつか	むいか
なのか	ようか	ここのか	とおか	じゅう いちにち	じゅう ににち	じゅう さんにち
じゅう よっか	じゅう ごにち	じゅう ろくにち	じゅう しちにち	じゅう はちにち	じゅう くにち	はつか
にじゅう いちにち	にじゅう ににち	にじゅう さんにち	にじゅう よっか	にじゅう ごにち	にじゅう ろくにち	にじゅう しちにち
にじゅう はちにち	にじゅう くにち	さんじゅ うにち				

연습문제

1
① もらいました　② くれました
③ あげました　④ くれました

2

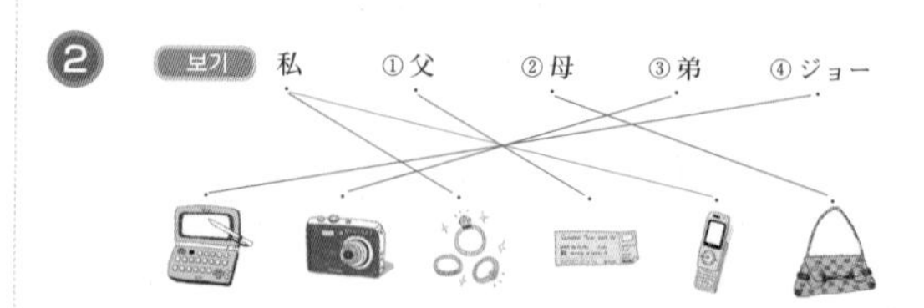

❸ ① じゅうにがつにじゅうごにちです。
② にがつじゅうよっかです。
③ ごがついつかです。
답변의 예
④ くがつとおかです。
답변의 예

❹ ① 花をあげました。
② はい、本をくれます。
③ かばんをあげます。
④ 携帯電話をもらいたいです。

Lesson 02

말하기 연습

❶ ① かばん／おいて ② 車／とめて
③ 写真／とって ④ ドア／閉めて

❷ ① 携帯電話／使って ② 本／読んで
③ お金／借りて ④ 窓／開けて

❸ ① たばこ／吸って ② 車／とめて
③ 音楽／聞いて ④ 電気／つけて

❹ ① お酒を飲んでもいいですが、たばこを吸ってはいけません。
② 座ってもいいですが、寝てはいけません。
③ 車に乗ってもいいですが、運転してはいけません。
④ 本を読んでもいいですが、持って帰ってはいけません。

듣기문제

❶ ①○ ②× ③× ④×

❷ A× B× C× D○ E× F○

GAME

①× ②○ ③× ④×
⑤○ ⑥× ⑦×

연습문제

❶

1그룹	おく	おいてもいいです	おいてはいけません
	のむ	のんでもいいです	のんではいけません
	とる	とってもいいです	とってはいけません
	はいる	はいってもいいです	はいってはいけません
	つかう	つかってもいいです	つかってはいけません
	いく	いってもいいです	いってはいけません

2그룹	おきる	おきてもいいです	おきてはいけません
	あける	あけてもいいです	あけてはいけません
	つける	つけてもいいです	つけてはいけません
	しめる	しめてもいいです	しめてはいけません
	とめる	とめてもいいです	とめてはいけません
	かりる	かりてもいいです	かりてはいけません
3그룹	する	してもいいです	してはいけません
	くる	きてもいいです	きてはいけません

2 ① 写真をとってもいいですか。
② 窓を閉めてもいいですか。
③ お金を借りてもいいですか。
④ 車をとめてもいいですか。

3 ① 写真をとってはいけません。
② ジュースを飲んではいけません。
③ 携帯電話を使ってはいけません。
④ 音楽を聞いてはいけません。

Lesson 03

말하기 연습

1 ① 泳いで ② 行って ③ 待って
④ 住んで ⑤ 遊んで ⑥ 話して
⑦ ひいて ⑧ 走って ⑨ 寝て
⑩ 見て ⑪ 教えて ⑫ 開けて

2 ① 運動して ② 電話して
③ 料理して ④ 来て

3 ① 作りました／作りました／作って／作って
② 読みました／読みました／読んで／読んで
③ 洗いました／洗いました／洗って／洗って
④ 考えました／考えました／考えて／考えて

듣기문제

1 ① きいています ② まっています
③ うっています ④ しています

2 ①A ②D ③B

GAME

①F ②B ③H ④A
⑤D ⑥I ⑦G ⑧E

연습문제

1

1그룹	かきます	かく	かいて
	ききます	きく	きいて
	いきます	いく	いって
	およぎます	およぐ	およいで
	のみます	のむ	のんで
	よみます	よむ	よんで
	あそびます	あそぶ	あそんで
	かえります	かえる	かえって
	かいます	かう	かって
	まちます	まつ	まって
	はなします	はなす	はなして
2그룹	たべます	たべる	たべて
	ねます	ねる	ねて
	おしえます	おしえる	おしえて
	みます	みる	みて
	おきます	おきる	おきて
3그룹	します	する	して
	うんどうします	うんどうする	うんどうして
	べんきょうします	べんきょうする	べんきょうして
	きます	くる	きて

2 ① 朝起きて、学校へ行って、勉強します。

② 図書館へ行って、本を読んで、手紙を書きます。

③ うち(いえ)へ帰って、料理を作って、食べます。

3 ① 音楽を聞いています。

② サンドイッチを食べています。

③ メールを打っています。

④ 寝ています。

Lesson 04

말하기 연습

1 ① 手／上げて　② 車／とめて

③ 薬／飲んで　④ 名前／書いて

2 ① 使わないで　② 食べないで

③ 寝ないで　④ 来ないで

3 ① 電気／消さないで

② たばこ／吸わないで

③ 窓／開けないで

④ ドア／閉めないで

4 ① 問題　② いいこと

③ おもしろい本　④ 心配

듣기문제

1 ① ○×○　② ○×○　③ ○○×

2 ① ×／あたま、のど

② ○／かた、は

③ ○／て、あし

GAME

①F ②H ③C ④G
⑤A ⑥I ⑦B ⑧D

연습문제

❶

1그룹	かわない	かいます	かう
	すわない	すいます	すう
	つかわない	つかいます	つかう
	いかない	いきます	いく
	おかない	おきます	おく
	およがない	およぎます	およぐ
	けさない	けします	けす
	またない	まちます	まつ
	あそばない	あそびます	あそぶ
	のまない	のみます	のむ
	かえらない	かえります	かえる
2그룹	たべない	たべます	たべる
	ねない	ねます	ねる
	おしえない	おしえます	おしえる
	わすれない	わすれます	わすれる
	おきない	おきます	おきる
	みない	みます	みる
3그룹	しない	します	する
	うんどう しない	うんどう します	うんどう する
	べんきょう しない	べんきょう します	べんきょう する
	こない	きます	くる

❷ ①かいてください
②つけてください
③しめてください
④すわらないでください
⑤すわないでください
⑥おきないでください

❸ ①絵をかかないでください。
②本を読まないでください。
③写真をとらないでください。
④寝ないでください。
⑤遊ばないでください。
⑥お菓子を食べないでください。

Lesson 05

말하기 연습

❶ ①泳いだ ②読んだ
③作った ④運転した

❷ ①言った ②飲んだ
③忘れた ④勉強した

❸ ① 走(はし)らない　② 聞(き)かない
③ 食(た)べない　④ 見(み)ない

❹ ① 飛行機(ひこうき)に／乗(の)った
② さいふを／なくした
③ 花(はな)を／あげた
④ 病院(びょういん)に／入院(にゅういん)した

듣기문제

❶ A 보기 B 5 C 1 D 2 E 3 F 4

❷ ① B ② A ③ B ④ A

GAME

① G ② A ③ F ④ D ⑤ E ⑥ B

연습문제

❶

1그룹	かう	かって	かった
	すう	すって	すった
	つかう	つかって	つかった
	いく	いって	いった
	なく	ないて	ないた
	およぐ	およいで	およいだ
	なくす	なくして	なくした
	うつ	うって	うった
	あそぶ	あそんで	あそんだ
	のむ	のんで	のんだ
	かえる	かえって	かえった

2그룹	たべる	たべて	たべた
	ねる	ねて	ねた
	おしえる	おしえて	おしえた
	わすれる	わすれて	わすれた
	おきる	おきて	おきた
	みる	みて	みた
3그룹	する	して	した
	にゅういん する	にゅういん して	にゅういん した
	べんきょう する	べんきょう して	べんきょう した
	くる	きて	きた

❷ ① 図書館(としょかん)で勉強(べんきょう)したほうがいいですよ。
② 公園(こうえん)で遊(あそ)んだほうがいいですよ。
③ たばこを吸(す)わないほうがいいですよ。
④ 古(ふる)い牛乳(ぎゅうにゅう)を飲(の)まないほうがいいですよ。

❸ ① 見(み)た ／ 一度(いちど)だけ
② 食(た)べた／ 一度(いちど)も
③ 読(よ)んだ／ 何度(なんど)も
④ なくした／ 一度(いちど)も

Lesson 06

말하기 연습

❶ ① さびし　② 忙(いそが)し
③ 甘(あま)　④ 気分(きぶん)が悪(わる)

2 ①丈夫 ②有名 ③元気 ④暇

3 ①雨が降り ②怒り
③壊れ ④落ち

4 ①でき ②閉まり ③咲き ④出

5 ①休み ②飲み ③見 ④起き

6 ①遊園地はおもしろかったそうです。
②あの映画は有名だそうです。
③図書館は静かだったそうです。
④来週日本へ行くそうです。
⑤昨日本を買ったそうです。

듣기문제

1 ①食べそうです
②有名だそうです
③泣くそうです
④出そうです

2 ①F ②H ③I ④E
⑤B ⑥D ⑦C ⑧A

3 ①B ②A ③C ④B

GAME

①ひまそうです ②なきそうです
③げんきそうです ④からそうです
⑤できそうです ⑥しまりそうです
⑦こわそうです ⑧さびしそうです

연습문제

1

イ형용사	おいしいです	おいしそうです	おいしいそうです
	たのしいです	たのしそうです	たのしいそうです
	こわいです	こわそうです	こわいそうです
	さびしいです	さびしそうです	さびしいそうです
	いそがしいです	いそがしそうです	いそがしいそうです
	きぶんがわるいです	きぶんがわるそうです	きぶんがわるいそうです
	からだにいいです	からだによさそうです	からだにいいそうです
	じかんがないです	じかんがなさそうです	じかんがないそうです
ナ형용사	きれいです	きれいそうです	きれいだそうです
	しずかです	しずかそうです	しずかだそうです
	げんきです	げんきそうです	げんきだそうです
	じょうぶです	じょうぶそうです	じょうぶだそうです
동사	わらいます	わらいそうです	わらうそうです
	なきます	なきそうです	なくそうです
	おこります	おこりそうです	おこるそうです
	こわれます	こわれそうです	こわれるそうです
	おちます	おちそうです	おちるそうです
	さきます	さきそうです	さくそうです
	できます	できそうです	できるそうです

2 ①きぶんがわるそうです。
②からそうです。
③おこりそうです。
④おちそうです。

❸ ①に／乗りましょう。
②で／勉強しましょう。
③へ／行きましょう。
④を／使いましょう。

Lesson 07

말하기 연습

❶ ①温か ②速 ③遅 ④よ

❷ ①静か ②好き ③りっぱ ④幸せ

❸ ①先生 ②軍人 ③春 ④朝

❹ ①抱く／泣き
②手を上げる／とまり
③読む／寝
④おく／忘れ

듣기문제

❶ A2 B보기 C4 D3 E1

❷ A1 B2 C5 D보기 E4 F3

GAME

①I ②D ③H ④J ⑤F
⑥C ⑦G ⑧A ⑨B

연습문제

❶

イ형용사	楽しい	楽しいです	楽しくないです	楽しくなります	楽しくなりません
	多い	多いです	多くないです	多くなります	多くなりません
	暖かい	暖かいです	暖かくないです	暖かくなります	暖かくなりません
	安い	安いです	安くないです	安くなります	安くなりません
	いい	いいです	よくないです	よくなります	よくなりません
ナ형용사	きれい	きれいです	きれいです	きれいになります	きれいになりません
	有名だ	有名です	有名じゃないです	有名になります	有名になりません
	便利だ	便利です	便利じゃないです	便利になります	便利になりません
	幸せだ	幸せです	幸せじゃないです	幸せになります	幸せになりません
	暇だ	暇です	暇じゃないです	暇になります	暇になりません
명사	大学生	大学生です	大学生じゃないです	大学生になります	大学生になりません
	医者	医者です	医者じゃないです	医者になります	医者になりません
	春	春です	春じゃないです	春になります	春になりません

❷ ①会社員に ②静かに
③安く ④有名に

❸ ①ボタンを押すと、温かくなります。
②掃除をすると、部屋がきれいになります。
③お酒を飲むと、赤くなります。

④ やさしい人に会うと、好きになります。

Lesson 08

말하기 연습

❶ ① 英語　② スキー
③ ゲーム　④ インターネット

❷ ① 泳ぐ　② 使う
③ 寝る　④ 運転する

❸ ① ケーキ／作れ／作れ
② 歌／歌え／歌え
③ お酒／飲め／飲め
④ 車／買え／買え

❹ ① 窓／開け／開け
② ワニ／食べ／食べ
③ ホラー映画／見／見
④ 服／着／着

❺ ① 料理できます／料理できません
② 予約できます／予約できません
③ 電話できます／電話できません
④ 来られます／来られません

듣기문제

❶ A 1　B 3　C 4　D 5　E 보기　F 2

❷ ①○　②×　③×
④○　⑤×　⑥○

GAME

①×　②○　③×
④×　⑤○　⑥×

연습문제

❶

1그룹	かきます	かく	かけます
	ききます	きく	きけます
	いきます	いく	いけます
	およぎます	およぐ	およげます
	はなします	はなす	はなせます
	まちます	まつ	まてます
	あそびます	あそぶ	あそべます
	よみます	よむ	よめます
	つくります	つくる	つくれます
	かいます	かう	かえます
2그룹	たべます	たべる	たべられます
	ねます	ねる	ねられます
	おしえます	おしえる	おしえられます
	みます	みる	みられます
	おきます	おきる	おきられます

3그룹	します	する	できます
	うんどう します	うんどう する	うんどう できます
	べんきょう します	べんきょう する	べんきょう できます
	きます	くる	こられます

2
① 泳げません
② 予約できませんでした
③ こられますか
④ 借りられませんでした

3
① ここから駅へ行けますか。
② 図書館で話せません。
③ ここに車がとめられますか。
④ 私は日本の料理が作れません。

Lesson 09

말하기 연습

1
① お金があった／旅行に行きたいです
② 卒業した／会社で働きます
③ 練習しなかった／上手になりません
④ 早く寝なかった／朝起きられません

2
① 安かった／買います
② 寒かった／窓を閉めてください
③ 難しくなかった／読みたいです
④ 忙しくなかった／一緒に行きませんか

3
① 学生だった／安いです
② 冬じゃなかった／できません
③ 暇だった／手伝ってください
④ 好きじゃなかった／食べません

4
① 勉強して／覚えられません
② お金があって／買えません
③ 古くて／便利です
④ 静かじゃなくて／大丈夫です

듣기문제

1
① 勉強したいです
② ゴルフに行きたいです
③ 本を読んでいません
④ すぐ帰りません
⑤ 親切な人がいいです
⑥ 時間がほしいです

2

社長の今日のスケジュール

9時：（ 보기 ⑤ ）
10時：（ ④ ）
12時：（ ⑥ ）
（ ② ）
3時：（ ① ）
6時：（ ③ ）

GAME

①E ②B ③F ④D ⑤C

연습문제

❶

かかなかったら	かく	かいたら	かいても
いかなかったら	いく	いったら	いっても
およがなかったら	およぐ	およいだら	およいでも
のまなかったら	のむ	のんだら	のんでも
あそばなかったら	あそぶ	あそんだら	あそんでも
のらなかったら	のる	のったら	のっても
なかったら	ある	あったら	あっても
かわなかったら	かう	かったら	かっても
もたなかったら	もつ	もったら	もっても
はなさなかったら	はなす	はなしたら	はなしても
たべなかったら	たべる	たべたら	たべても
ねなかったら	ねる	ねたら	ねても
しなかったら	する	したら	しても
こなかったら	くる	きたら	きても

あつい	あつかったら	あつくなかったら	あつくても
やすい	やすかったら	やすくなかったら	やすくても
たのしい	たのしかったら	たのしくなかったら	たのしくても
きれい	きれいだったら	きれいじゃなかったら	きれいでも
しずか	しずかだったら	しずかじゃなかったら	しずかでも
ひま	ひまだったら	ひまじゃなかったら	ひまでも

❷ ①暗くても
②好きだったら
③先生でも
④つけても

❸ ①お酒を飲んだら、運転しないでください。
②安かったら、買います。
③子供だったら、お金を払わなくてもいいです。
④静かじゃなかったら、寝られません。

Lesson 10

말하기 연습

❶ ①書き ②食べ
③寝 ④がまんし

❷ ①歩き／お菓子を食べ
②泣き／うちへ帰り
③コーヒーを飲み／新聞を読み
④テレビを見／勉強し

❸ ①頑張れ ②飲め
③起きろ ④逃げろ

❹ ①読む ②泣く ③寝る ④行く

듣기문제

❶ ①おきろ ②まて ③のるな
④のむな ⑤かくせ

❷ ①D ②F ③B ④C ⑤A ⑥E

GAME

❶ ① みろ　② にげろ　③ のめ
④ おきろ　⑤ がんばれ

❷ ① すうな　② なくな　③ ねるな
④ みるな　⑤ いくな

연습문제

❶

1그룹	かきなさい	かく	かくな	かけ
	いきなさい	いく	いくな	いけ
	いそぎなさい	いそぐ	いそぐな	いそげ
	のみなさい	のむ	のむな	のめ
	あそびなさい	あそぶ	あそぶな	あそべ
	のりなさい	のる	のるな	のれ
	すいなさい	すう	すうな	すえ
	まちなさい	まつ	まつな	まて
	はなしなさい	はなす	はなすな	はなせ
2그룹	たべなさい	たべる	たべるな	たべろ
	にげなさい	にげる	にげるな	にげろ
	ねなさい	ねる	ねるな	ねろ
3그룹	しなさい	する	するな	しろ
	がまん しなさい	がまん する	がまん するな	がまん しろ
	きなさい	くる	くるな	こい

❷ ① 逃(に)げろ　② 使(つか)うな　③ 頑張(がんば)れ

❸ ① 歩(ある)きながらお菓子(かし)を食(た)べます。
② 泣(な)きながらうちへ帰(かえ)ります。
③ コーヒーを飲(の)みながら新聞(しんぶん)を読(よ)みます。
④ テレビを見(み)ながら勉強(べんきょう)します。

Lesson 11

말하기 연습

❶ ① 歌(うた)おう　② 飲(の)もう
③ 見(み)よう　④ 来(こ)よう

❷ ① 医者(いしゃ)になろう
② 温泉(おんせん)に入(はい)ろう
③ 6時(ろくじ)に起(お)きよう
④ 留学(りゅうがく)しよう

❸ ① 父(ちち)／夜(よる)帰(かえ)る
② ピーター／今日(きょう)休(やす)む
③ 友達(ともだち)／お金(かね)を返(かえ)す
④ 安田(やすだ)さん／１０時(じゅうじ)に来(く)る

❹ ① コンピューターを買(か)う
② 映画(えいが)を見(み)る
③ 来月(らいげつ)結婚(けっこん)する
④ アルバイトをする

듣기문제

1 ① すうつもりです

② まつつもりです

③ かえすつもりです

④ ねるつもりです

2 ① b　② b　③ a　④ b

GAME

① 高校の日本語の先生です。

② 5歳から勉強しました。（5歳からです。）

③ いいえ、行ったことがありません。

④ いいえ、留学したことがありません。

⑤ 来年卒業します。

⑥ 日本で勉強するつもりです。

⑦ 中学校の先生です。

연습문제

1

1그룹	あいます	あう	あおう
	いいます	いう	いおう
	かきます	かく	かこう
	およぎます	およぐ	およごう
	はなします	はなす	はなそう
	まちます	まつ	まとう
	あそびます	あそぶ	あそぼう
	のみます	のむ	のもう
	のります	のる	のろう
2그룹	たべます	たべる	たべよう
	にげます	にげる	にげよう
	ねます	ねる	ねよう
	います	いる	いよう
3그룹	します	する	しよう
	がまんします	がまんする	がまんしよう
	きます	くる	こよう

2 ① しよう　② 来る　③ 寒くなる

3 ① 来月からコンビニでアルバイトをしようと思っています。

② 妹は将来医者になると思います。

③ ５０歳になったら、いろいろな国を旅行しようと思っています。

④ 時間があったら、子供と遊ぼうと思っています。

Lesson 12

말하기 연습

1 ① 壊されます

② 盗まれます

③ 助けられます

④ ほめられます

2 ① おばあさん／喜ばれました

② おまわりさん／ほめられました

③ 先生／招待されました

④ 友達(ともだち)／電話(でんわ)されました

3 ① 女(おんな)の人(ひと)／足(あし)／踏(ふ)まれました

② 兄(あに)／ケーキ／食(た)べられました

③ 母(はは)／ノート／見(み)られました

④ 誰(だれ)か／くつ／間違(まちが)えられました

4 ① 昨日(きのう)お酒(さけ)を飲(の)んだ

② 恋人(こいびと)と別(わか)れた

③ 明日(あした)テストがある

④ 来年留学(らいねんりゅうがく)する

듣기문제

1 ①B ②B ③B

2 ①c ②b

GAME

①F ②G ③D ④A ⑤E ⑥C

연습문제

1

1그룹	わらわれます	わらいます	わらう
	つかわれます	つかいます	つかう
	きかれます	ききます	きく
	こわされます	こわします	こわす
	またれます	まちます	まつ
	よばれます	よびます	よぶ
	よろこばれます	よろこびます	よろこぶ
	ぬすまれます	ぬすみます	ぬすむ
	ふまれます	ふみます	ふむ
	しかられます	しかります	しかる
	とられます	とります	とる
2그룹	たべられます	たべます	たべる
	にげられます	にげます	にげる
	まちがえられます	まちがえます	まちがえる
	たすけられます	たすけます	たすける
	ほめられます	ほめます	ほめる
3그룹	されます	します	する
	はんたい されます	はんたい します	はんたい する
	しょうたい されます	しょうたい します	しょうたい する
	こられます	きます	くる

2 ① が／を ② は／に

③ は／に／を ④ が／を

3 ① 私(わたし)は弟(おとうと)にアイスクリームを食(た)べられました。

② 私は父(ちち)に起(お)こされました。

③ 私は社長(しゃちょう)に呼(よ)ばれました。

④ 私は男(おとこ)の人(ひと)にかさを盗(ぬす)まれました。

Lesson 13

1
① 話させます
② 会わせます
③ 覚えさせます
④ 勉強させます

2
① 先生／学生／座らせました
② 先生／学生／泳がせました
③ 母親／子供／寝させました
④ 社長／部下／働かせました

3
① 社長／部下／コピー／とらせます
② 母親／子供／クラシック／聞かせます
③ 先生／学生／プリント／集めさせます
④ 母親／子供／ピアノ／練習させます

4
① 私／弟／泣かせました
② 男の人／恋人／びっくりさせました
③ 娘／父親／心配させました
④ 子供／両親／がっかりさせました

5
① 休ませ　② 払わせ
③ 写真をとらせ　④ 電話させ

6
① 見た／話した　② 読んだ／書いた
③ 泣いた／笑った　④ 行った／来た

듣기문제

1 A 5　B 4　C 3　D 보기　E 2　F 1

2
① 母親／子供　② 子供／父親
③ 子供／両親　④ 社長／部下

GAME

① 娘は父親を心配させました。
② 先生は学生に覚えさせました。
③ 男の人は恋人をびっくりさせました。
④ 母親は子供にピアノを練習させました。
⑤ 社長は部下にコピーをとらせました。
⑥ 先生は学生にプリントを集めさせました。

연습문제

1

1그룹	わらわせます	わらいます	わらう
	はらわせます	はらいます	はらう
	なかせます	なきます	なく
	はなさせます	はなします	はなす
	たたせます	たちます	たつ
	よばせます	よびます	よぶ
	よろこばせます	よろこびます	よろこぶ
	たのしませます	たのしみます	たのしむ
	のませます	のみます	のむ
	おこらせます	おこります	おこる
	とらせます	とります	とる

2그룹	たべさせます	たべます	たべる
	あつめさせます	あつめます	あつめる
	おぼえさせます	おぼえます	おぼえる
	かんがえさせます	かんがえます	かんがえる
	あけさせます	あけます	あける
3그룹	させます	します	する
	びっくり させます	びっくり します	びっくり する
	しんぱい させます	しんぱい します	しんぱい する
	こさせます	きます	くる

2 ① を／座(すわ)らせました。

② に／へ／行(い)かせます。

③ に／を／食(た)べさせました。

④ を／心配(しんぱい)させます。

3 ① 車(くるま)をとめさせてください。

② 打(う)たせてください。

③ 写真(しゃしん)をとらせてください。

④ 座(すわ)らせてください。

Lesson 14

말하기 연습

1 ① ヨウさん／お酒(さけ)／飲(の)まれ

② 先生(せんせい)／外国語(がいこくご)／話(はな)され

③ 社長(しゃちょう)／ゴルフ／され

④ ジョアン／明日(あした)パーティー(に)／来(こ)られ

2 ① ファンさん／本(ほん)／書(か)き

② 先生(せんせい)／漢字(かんじ)／教(おし)え

③ 社長(しゃちょう)／たばこ／吸(す)い

④ 社長(しゃちょう)／お客様(きゃくさま)(と)／会(あ)い

3 ① 上(あ)がり　② 待(ま)ち　③ 書(か)き　④ 使(つか)い

4 ① 連絡(れんらく)し　② 教(おし)え　③見(み)　④ もらっ

5 ① 手伝(てつだ)い　② 話(はな)し　③ 送(おく)り　④ 持(も)ち

6 ① 案内(あんない)　② 紹介(しょうかい)　③ 連絡(れんらく)　④ 協力(きょうりょく)

듣기문제

1 ① ききます

② みます

③ きます

④ います

⑤もらいます

2 ① 先生(せんせい)

② 田中(たなか)さん

③ 私(わたし)

④ 私(わたし)

⑤ 東先生(ひがしせんせい)

3 ① a　② c　③ c

GAME

① いただきます

② ご存じです

③ いらっしゃってください

④ お目にかかりました

⑤ お持ちします

⑥ お乗りください

연습문제

1

존경	보통	겸양
召し上がります	食べます	いただきます
	飲みます	
ご覧になります	見ます	拝見します
おっしゃいます	言います	申します
보기 いらっしゃいます	行きます	参ります
	来ます	
	います	おります
お会いになります	会います	お目にかかります
くださいます	くれます	
	あげます	さしあげます
	もらいます	いただきます
お聞きになります	聞きます	伺います
	訪問します	
ご存じです	知っています	存じています
	知りません	存じません
なさいます	します	いたします

2

① 食べられますか。

② 帰られたそうです。

③ 働かれるつもりですか。

④ テニスをされます。

⑤ 来られましたか。

3

① いただいた

② ご覧になりました

③ 召し上がって

④ 参りました

Lesson 15

1

1그룹	あわない	あいます	あう	あえます	あおう
	かかない	かきます	かく	かけます	かこう
	およがない	およぎます	およぐ	およげます	およごう
	はなさない	はなします	はなす	はなせます	はなそう
	またない	まちます	まつ	まてます	まとう
	はこばない	はこびます	はこぶ	はこべます	はこぼう
	よまない	よみます	よむ	よめます	よもう
	はいらない	はいります	はいる	はいれます	はいろう
2그룹	たべない	たべます	たべる	たべられます	たべよう
	おぼえない	おぼえます	おぼえる	おぼえられます	おぼえよう

3그룹	しない	します	する	できます	しよう
	勉強しない	勉強します	勉強する	勉強できます	勉強しよう
	こない	きます	くる	こられます	こよう

2
① に（から）／を
② に／が
③ で／が（を）
④ も／は
⑤ で／を／で
⑥ は／へ（に）／が
⑦ を／と／に
⑧ で／が
⑨ を／に
⑩ を／に／は
⑪ へ（に）／を
⑫ の／に／と

3
① もらいました
② くれました
③ あげました
④ くれました

4
① 降りそうです
② くれました
③ 卒業したら
④ 見られました
⑤ いらっしゃいますか
⑥ 読ませます
⑦ お持ちします
⑧ 喜ばれました
⑨ 見せてください

5
① もう
② 何か
③ 一度も
④ ぜひ

6
① とめないで
② 飲んで
③ 待って／忘れて
④ 準備した／準備しない
⑤ おいし／有名だ
⑥ すずしく
⑦ 難しかったら／遅くなっても
⑧ 聞き
⑨ 留学しよう
⑩ 盗まれました／捕まえた
⑪ 飲ませた／食べさせた
⑫ 働けます

7
① 新幹線は速いそうです。
② ジナさんは遊園地が好きだそうです。
③ 母は明日カレーを作るそうです。
④ アリヤさんはインドネシアから来たそうです。

8
① 安かったら、買います。
② 子供だったら、お金を払わなくても

いいです。

③ 静かじゃなかったら、寝られません。

④ お酒を飲んだら、運転できません。

9 ① 歩きながらお菓子を食べます。

② 泣きながらうちへ帰ります。

③ コーヒーを飲みながら新聞を読みます。

④ テレビを見ながら勉強します。

10 ① 私は弟にアイスクリームを食べられました。

② 私は父に起こされました。

③ 私は社長に呼ばれました。

④ 私は男の人にかさを盗まれました。

11 ① いただいた

② ご覧になりました

③ 召し上がって

④ 参りました

듣기 스크립트 Script

Lesson 01

1. 보기 1月1日(いちがつついたち)

① 2月5日(にがついつか)

② 4月6日(しがつむいか)

③ 6月9日(ろくがつここのか)

④ 7月14日(しちがつじゅうよっか)

⑤ 9月10日(くがつとおか)

⑥ 11月20日(じゅういちがつはつか)

⑦ 12月29日(じゅうにがつにじゅうくにち)

2. 보기

A：今日(きょう)は何月何日(なんがつなんにち)ですか。

B：1月1日(いちがつついたち)です。

① A　あなたの誕生日(たんじょうび)はいつですか。

B　私(わたし)の 誕生日(たんじょうび)は3月7日(さんがつなのか)です。

② A　こどもの日(ひ)はいつですか。

B　5月5日(ごがついつか)です。

③ A　日本語(にほんご)のテストはいつでしたか。

B　11月9日(じゅういちがつここのか)でした。

④ A　ロックコンサートはいつですか。

B　12月24日(じゅうにがつにじゅうよっか)です。

3. 보기

A：ぬいぐるみですか。

B：はい、ジナさんにあげます。

① A　ポールさん、このケーキ、おいしいですね。

B　そうですか。昨日(きのう)アンナさんにもらいました。

② A　アンナさん、きれいな花(はな)ですね。

B　ええ、ポールさんがくれました。

③ A　バレンタイン・デーにチョコレートをあげますか。

B　はい、フランクさんにあげたいです。

④ A　さつきさん、そのかばんをもらいましたか。

B　はい、もらいました。

Lesson 02

1. 보기

A：あの、ここ座(すわ)ってもいいですか。

B：ええ、どうぞ。

① A　すみません、たばこを吸(す)ってもいいですか。

B　たばこですか。いいですよ。

② A　あの、窓(まど)を開(あ)けてもいいですか。

B　すみません。ちょっと…。

③ A　あの、ここに車(くるま)をとめてもいいですか。

B　ここにとめてはいけませんよ。

④　A　すみません、写真をとってもいいですか。

　　B　私ですか。写真はちょっと…。

2.

先生　はい、いいですか。ここでは友達と話をしてはいけません。

学生１　絵を書いてもいいですか。

先生　ここでは絵を見ます。絵を書いてはいけません。

学生2　先生、写真をとってもいいですか。

先生　写真をとってはいけません。でも音楽は聞いてもいいですよ。

学生１　いすに座ってもいいですか。

先生　いいですよ。どうぞ。

学生2　お菓子を食べてもいいですか。

先生　お昼ご飯の時間に食べてもいいですが、今ここで食べてはいけません。

Lesson 03

1. 보기 先生が来ています。

① アンナさんは今ピアノを聞いています。

② オルガさんはコーヒーを待っています。

③ ダルさんはたばこを売っています。

④ ハミルさんはゴルフをしています。

2. 보기

私は学校で１時まで勉強をして、それから図書館へ行って昼ご飯を食べました。友達とお茶をしてうちへ帰りました。

① 朝、起きて学校へ行きました。図書館で勉強をしてお昼ご飯を食べました。少し運動をしてうちへ帰りました。

② 私は朝運動をして、学校へ行きました。うちへ帰ってお昼ご飯を食べて、それから勉強しました。

③ 朝、起きて学校へ行きました。お昼ご飯を食べて、運動をしました。それから図書館で勉強をしてうちへ帰りました。

Lesson 04

1. 보기

新聞は読まないでください。本や雑誌は読んでもいいです。

① 音楽を聞いてもいいですが、携帯電話を使わないでください。写真はとってもいいです。

② お茶を飲んでもいいですが、お酒は飲まないでください。お菓子は食べてもいいです。

③ 小さいかばんは持ってください。大きいかばんは足の下に。いすの上にはおかないで

ください。

2. 보기

A：どうしましたか。

B：昨日からお腹が痛いです。

A：熱はありますか。

B：はい、ありますが、頭は痛くないです。

① A どうしましたか。

B 頭が痛いです。のども少し痛いです。

A 熱はありますか。

B いいえ、ありません。

② A どうしましたか。

B 昨日の夜から熱があります。肩も痛いです。

A 昨日は何を食べましたか。

B 歯が痛くて何も食べませんでした。

③ A どうしましたか。

B 手と足がとても痛いです。

A 熱はありますか。

B はい、昨日から。

Lesson 05

1. 보기

A：あれ、さいふが…。

B：かばんの中を見たほうがいいですよ。

① A のどが…。

B 薬を飲んだほうがいいですよ。

② A え、明日テストですか。

B はい、今から勉強したほうがいいですよ。

③ A もう彼女のことは忘れたほうがいいです。

B でもとても好きだったんです。忘れられません。

④ A あの映画、どうでしたか。

B ああ、あれ。見たほうがいいですよ。とてもよかったです。

⑤ A あの、かばんを閉めたほうがいいですよ。いろいろ落としていますが。

B ええ。ああ、すみません。どうもありがとうございます。

2. 보기

A：ケビンさんは新幹線に乗りましたか。

B：ええ、先月乗りました。

a ケビンさんは新幹線に乗ったことがあります。

b ケビンさんは新幹線に乗ったことがありません。

① A エリーさんは日本の料理は好きですか。

B　食べたいですが、まだありません。

a エリーさんは 日本の料理を食べたことがあります。

b エリーさんは 日本の料理を食べたことがありません。

② A　まことさんは東京へ行ったことがありますか。

B　ええ、大学は東京でした。

a まことさんは東京へ行ったことがあります。

b まことさんは 東京へ行ったことがありません。

③ A　マイクさんはゴルフをしたことがありますか。

B　テレビで見ますが、したことがありません。

a マイクさんはゴルフをしたことがあります。

b マイクさんはゴルフをしたことがありません。

④ A　私は今この本を読んでいます。

B　ああ、それですか。私も買いました。おもしろいですね。

a 男の人はこの本を読んだことがあります。

b 男の人はこの本を読んだことがありません。

Lesson 06

1. 보기 あそこのスパゲッティ、おいしそうですね。

① あ、犬がパンを食べそうですよ。

② このレストラン、有名だそうです。ここにしましょう。

③ 彼は映画を見るといつも泣くそうです。

④ 電車が出そうです。走りましょう。

2. 보기 暑そうですね。窓を開けましょうか。

① みんな静かにしてください。先生、怒りそうですよ。

② 雨が降りそうですよ。走りましょう。

③ うわー、甘そうですね。これ一人で食べますか。

④ 忙しそうですね。大丈夫ですか。

⑤ 重そうですね。私が持ちます。

⑥ すみません。あの、落ちそうですよ。

⑦ ああ、壊れそうです。早く。

⑧ うーん、静かそうですね。ここで飲みましょう。

3. 보기

A：ここから歩いて２０分です。電車に乗りますか。

B：あ、バスが来ました。バスに乗りましょう。

① A 今日飲みませんか。

B すみません。今日は忙しいです。

明日行きましょう。

② A このビルにレストランがあります。

どうですか。

B いいですね。ここで食べましょう。

③ A サムさん、明日テニスをしましょう。

B テニスはちょっと…。明日は映画を見ましょう。今日はのどが少し痛いです。

④ A キムチが大好きですが、高いですね。

B じゃあ、週末一緒に作りましょう。

おいしいですよ。

Lesson 07

1. 보기 これを使うと、部屋がすずしくなります。

① これを使うと、部屋がうるさくなります。

② これに乗ると、旅行が早くなります。

③ これを使うと、料理が早くなります。

④ これを使うと、服がきれいになります。

2. 보기

A：昨日朝から掃除をしました。どうですか。

B：うわー、きれいになりましたね。

① A それ、一人で食べますか。

B ええ。私、甘いものを食べると幸せになります。

② A もしもし、あ、マークさん、どうしましたか。

B すみません。今日少し遅くなります。車が…。

③ A 熱がありますか。

B そうですね。注射を打ちましょう。

すぐよくなりますよ。

④ A ケンさん、りっぱになりましたね。

今大学生ですか。

B ありがとうございます。今年から会社員です。

⑤ A これ、私の兄です。

B うわー、すてきな人。女の子はみんな好きになりそうですね。

Lesson 08

1. 보기

A：くみこさんは運転できますか。

B：ええ、毎日していますよ。

① A 今日一緒に飲めますか。

B いいですね、行きましょう。

② A これは難しそうですね。

B いいえ、大丈夫です。すぐ読めますよ。

③ A あれ、どうでしたか。

B 先週は忙しくて見られませんでした。明日友達と行きます。

④ A あの、これ、小さくて、着れないんですが。

B すみません。大きいのを持ってきます。

⑤ A 伊藤さん、昨日は寝られましたか。

B それが、となりがうるさくてあまり…。

2.

A ここでは一人１時間４００円でインターネットが使えます。でも、ここではゲームはできません。

B 携帯電話はどうですか。

A 部屋の外では話せます。メールは部屋の中で打ってもいいです。

B お水を飲んでもいいですか。

A お水、ジュースやコーヒーは飲めますが、お酒は飲めません。

B 予約できますか。

A 二日前から予約できます。

B はい。じゃあ、今から１時間お願いします。

Lesson 09

1. 보기

A：時間があったらデパートに行きませんか。

B：すみません。昨日デパートに行きました。映画はどうですか。

① A 大学を卒業したら何をしますか。

B 勉強したいですが、その前に会社で１年働きます。お金がありませんから。

② A 週末は何をしますか。

B 友達とゴルフに行きますが、雨だったら行きません。雨じゃなかったらいいんですが…。

③ A あの本、読みましたか。

B それが…。読んだら持ってきます。

④ A 先生、レポートを書きました。帰ってもいいですか。

B 他の人も書いたら、みんなで一緒に帰りましょう。

⑤ A ハンサムな男の人と結婚したいですか。

B ハンサムでも親切じゃなかったら私は結婚できません。

A そうですね、男の人は顔じゃありませんね。

⑥ A 今何がほしいですか。

B 時間です。お金があっても時間がなかったら使えません。

A 会社員は忙しくて時間が作れませんね。

2.

A イムさん、私の今日のスケジュールを言いますから書いてください。

B はい、社長。どうぞ。

A 朝9時半からミーティング。１０時にABC会社の松本さんから電話があります。それが終わったら、東京ホテルに行きます。１２時から東京ホテルでグラハムさんと食事です。

B はい。

A そのあと、会社に帰ったら田中さんのレポートを見ます。準備してください。

B 田中さんのレポートですね。わかりました。

A ３時にD社の三木さんが来ます。他の人が私に会いに来ても、部屋に入れないでください。

B ３時にD社三木。はい。

A ５時半に会社を出て、６時に松本さんに会いますが、今日はそのあと家に帰ります。私が会社を出たら、イムさんも帰っていいですよ。

B ありがとうございます。では、今日もよろしくお願いします。

Lesson 10

1. 보기 あ、信号が赤になる。

① もう１０時。

② あ、あの男が私のかばんを。

③ これじゃなくて、次の電車。

④ それはお父さんのお酒。

⑤ あ、先生が来る。

2.

A 今日は人が多いですね。トムさんとアンさんはどこに座っていますか。

B あそこでコーヒーを飲みながら新聞を読んでいます。

A あれはケビンさんですよ。

B じゃあ、ケーキを食べている人ですか。

A あれは、ジョンさん。あ、あそこです、トムさん。メールを打っています。

B ああ、あそこですか。たばこを吸っている人。

A いいえ、音楽を聞きながらメールを打っています。たばこを吸っている人は先生ですよ。

B　そうですか。すみません。目が悪くて。ああ、わかりました。じゃあ、アンさんは？

A　アンさんがいませんね…。インターネットしながらご飯を食べている人は？

B　あれはアンさんじゃなさそうですが…。あれはミンさんですよ。

A　ああ、いました、あそこ。アイスクリームを食べている人！

B　アイスクリームを食べている人？ああ、恋人の顔を見ながら食べている人ですね。

A　そうそう。

Lesson 11

1. 보기

土曜日も学校に行こうと思っています。

① あの店でたばこを吸おうと思っています。

② レストランでメールを待とうと思っています。

③ 来週先生にこの本を返そうと思っています。

④ 明日は昼まで寝ようと思っています。

2. 보기

A　どこへ行きますか。

B　デパートです。プレゼントを見ようと思っています。

A　誰と行きますか。

B　母と一緒に行きます。

① A　料理の本ですか。

B　ええ、イタリア料理を勉強しようと思っています。それで、今から料理の学校に行きます。

A　レストランで働くつもりですか。

B　いいえ、恋人がイタリア人なんです。

② A　休みに何をしますか。

B　京都へ行こうと思っています。

A　旅行ですか。

B　はい。京都で勉強している友達に会うつもりです。

③ A　卒業したら国に帰ろうと思っていますか。

B　いいえ、国から家族が来ると思います。

A　では、日本で働くつもりですか。

B　はい、日本にある韓国の会社で働こうと思っています。

④ A　明日の夜、パーティーに行きませんか。

B　本当ですか。おもしろそうですね。

A　メグさんも一緒にどうですか。

B　メグさんは友達の結婚式に行くと思います。

Lesson 12

1. 보기

泥棒はおまわりさんに捕まえられました。

① 父は母に叱られました。

② 先生はユミさんの足を踏みました。

③ 前田さんは社長にほめられました。

2. 보기

A 遅かったですね。どうしましたか。

B 妹にバイクを使われて、時間がなかったので 母の車で来たんです。

A お母さんは？

B 母が車を運転しました。

① A ヤンさん、どうして怒っていますか。

B 実はキムさんに私のお昼ご飯を食べられたんです。

A じゃあ、まだお昼ご飯を食べていませんか。

B いいえ、ヘンリーさんのお昼ご飯をもらいましたが、パン一つと牛乳だけだったんです。

② A うれしそうですね。いいことがありましたか。

B はい、昨日友達の勉強を手伝ったんですが、それで先生にほめられたんです。

A そうですか。先生はどうしてそれがわかりましたか。

B 友達がテストで１００点を取りました。そして先生に私の話をしたそうです。

Lesson 13

1. 보기

大丈夫です。今日は私に払わせてください。

① すみませんが、少しここで待たせていただけませんか。

② いいのがあったら、私にも聞かせてください。

③ すてきですね。今度私に会わせてくださいね。

④ ちょっと私にも読ませていただけませんか。

⑤ もう少しだけ寝させてください。

2. 보기

A：先生、そのかばん、重そうですね。

B：あ、田中さん。すみませんが、ちょっと持ってください。

① A テレビを消して、早く寝なさい。明日は朝から学校ですよ。

B あと３０分だけ。

② A まだ寝ている！早く起きろ。

B でも朝までアルバイトだったの、お父さん。

③ A 卒業、おめでとう。頑張りましたね。

B お父さん、お母さん、どうもありがとうございました。

④ A 前田さん、このレポートを今すぐコピーしてください。

B はい、社長。

Lesson 14

1. 보기

今日の新聞、お読みになりましたか。

① 私から先生にお聞きしましょうか。

② もう富士山はご覧になりましたか。

③ 社長、今日は１１時にティムさんがいらっしゃいます。

④ 父は夜家におります。

⑤ その時計はヤンさんにいただきました。

2. 보기

お客さまがお部屋で待たれています。

① 先生がお話しになります。

② 田中さんはコーヒーを召し上がります。

③ カンさん、では１０時にお伺いします。

④ 社長、かばんをお持ちします。

⑤ 東先生はレポートをご覧になりました。

3. 보기

A：すみません、キムと申しますが、前田社長はいらっしゃいますか。

B：今、電話をしています。こちらで少しお待ちください。

A：ありがとうございます。
では失礼します。

① A エレンさん、すみませんが、明日お目にかかることができますか。

B わかりました。明日１時はどうでしょうか。

A 大丈夫です。では明日１時にお伺いします。

② A 先生、お書きになった本を拝見したいのですが。

B いいですよ、加藤さん。ここにあります。どうぞ。

A ありがとうございます。では失礼します。

③ A 西川さんは明日の会議をご存じですか。

B　はい、でもあまり伺（うかが）っていませんが。

A　では一緒（いっしょ）にいらっしゃいませんか。

MEMO

MEMO

연습문제

1 그림을 보고 보기와 같이 올바른 것에 동그라미 치세요.

보기

ジナさんに ぬいぐるみを
(（あげます）／ もらいます)。

①  ②  ③  ④ 

① マルさんは かばんを (もらいました ／ くれました)。

② 私(わたし)に チョコレートを (もらいました ／ くれました)。

③ 私は カリンさんに CDを (あげました ／ もらいました)。

④ 母(はは)は 私に ゆびわを (あげました ／ くれました)。

2 다음 글을 읽고 누가 무슨 선물을 받았는지 올바르게 연결해 보세요.

昨日(きのう)は クリスマスでした。両親(りょうしん)は 私に 携帯電話(けいたいでんわ)を くれました。そして 弟(おとうと)は カメラを もらいました。私は 父(ちち)に コンサートのチケットを、母に かばんを あげました。私は 恋人(こいびと)のジョーに ゆびわを もらいました。私は 電子辞書(でんしじしょ)を あげました。とても 楽(たの)しい クリスマスでした。

보기 私　① 父　② 母　③ 弟　④ ジョー

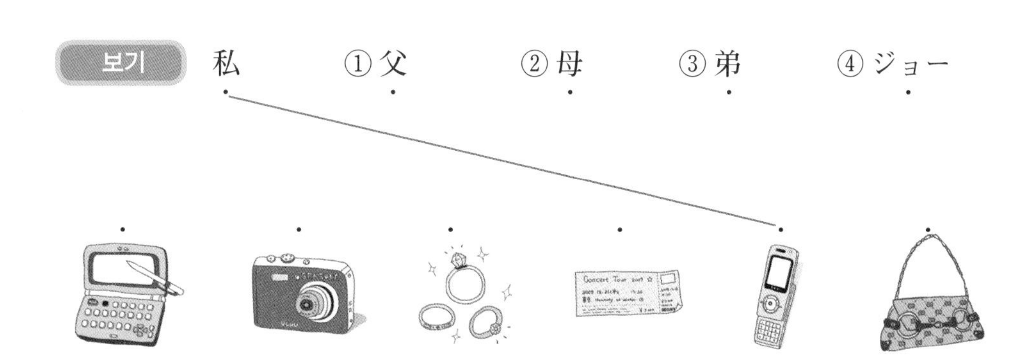

3 다음 질문에 보기와 같이 대답해 보세요.

보기 今日(きょう)は 何月何日(なんがつなんにち)ですか。→ いちがつ ついたちです。

① クリスマスは 何月何日ですか。 →

② バレンタインデーは いつですか。 →

③ こどもの日(ひ)は いつですか。 →

④ あなたの 誕生日(たんじょうび)は いつですか。 →

4 다음 질문에 보기와 같이 각자 대답해 보세요.

보기 A：去年(きょねん)の 誕生日(たんじょうび)に 何(なに)を もらいましたか。

B：ぬいぐるみを もらいました。

① 母(はは)の日(ひ)に 何を あげましたか。

② ご両親(りょうしん)は クリスマスに プレゼントを くれますか。何を くれますか。

③ 友達(ともだち)の 誕生日に 何を あげますか。

④ プレゼントに 何を もらいたいですか。

1 아래의 표를 완성하세요.

1그룹	おく	おいてもいいです	おいてはいけません
	のむ		
	とる		
	はいる		
	つかう		
	いく		
2그룹	おきる		
	あける		
	つける		
	しめる		
	とめる		
	かりる		
3그룹	する		
	くる		

2 그림을 보고 보기와 같이 알맞은 문장을 만들어 보세요.

보기

かばん/おく

→ かばんを おいても いいですか。

① 写真(しゃしん)/とる →

② 窓(まど)/閉(し)める →

③ お金(かね)/借(か)りる →

④ 車(くるま)/とめる →

3 그림을 보고 보기와 같이 알맞은 문장을 만들어 보세요.

보기

たばこを 吸(す)っては いけません。

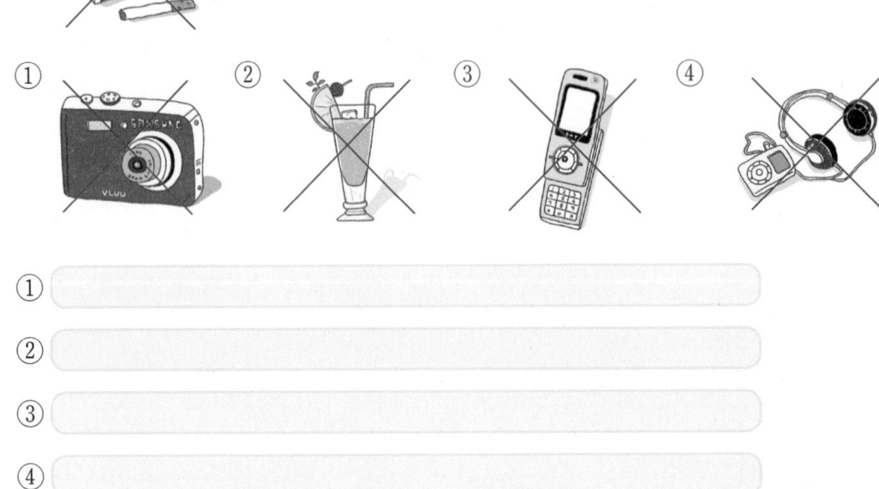

①

②

③

④

1 아래의 표를 완성하세요.

1그룹	かきます	かく	かいて
		きく	
		いく	
		およぐ	
		のむ	
		よむ	
		あそぶ	
		かえる	
		かう	
		まつ	
		はなす	
2그룹		たべる	
		ねる	
		おしえる	
		みる	
		おきる	
3그룹		する	
		うんどうする	
		べんきょうする	
		くる	

2 그림을 보고 보기와 같이 알맞은 문장을 만들어 보세요.

보기

보기 テレビを 見(み)て、音楽(おんがく)を 聞(き)いて、寝(ね)ます。

①

②

③

3 그림을 보고 보기와 같이 빈 칸에 알맞은 문장을 만들어 보세요.

보기 トムさんは 車(くるま)を 運転(うんてん)して います。

① レナさんは

② トビーさんは

③ エリカさんは

④ ハンスさんは

1 아래의 표를 완성하세요.

	かわない	かいます	かう
1그룹			すう
			つかう
			いく
			おく
			およぐ
			けす
			まつ
			あそぶ
			のむ
			かえる
2그룹			たべる
			ねる
			おしえる
			わすれる
			おきる
			みる
3그룹			する
			うんどうする
			べんきょうする
			くる

2 보기와 같이 알맞은 형태로 바꿔 보세요.

보기1	あけます	あけて ください
①	かく	
②	つける	
③	しめる	

보기1	うつ	うたないで ください
④	すわる	
⑤	すう	
⑥	おきる	

3 그림을 보고 보기와 같이 알맞은 문장을 만드세요.

보기 ジュースを 飲(の)まないで ください。

①

②

③

④

⑤

⑥

Exercises

1 아래의 표를 완성하세요.

1그룹	かう	かって	かった
	すう		
	つかう		
	いく		
	なく		
	およぐ		
	なくす		
	うつ		
	あそぶ		
	のむ		
	かえる		
2그룹	たべる		
	ねる		
	おしえる		
	わすれる		
	おきる		
	みる		
3그룹	する		
	にゅういんする		
	べんきょうする		
	くる		

2 보기와 같이 문장을 알맞게 바꿔 보세요.

보기 車(くるま)に 乗(の)ります。

→ 車に 乗ったほうが いいですよ。

① 図書館(としょかん)で 勉強(べんきょう)します。

→

② 公園(こうえん)で 遊(あそ)びます。

→

③ たばこを 吸(す)いません。

→

④ 古(ふる)い 牛乳(ぎゅうにゅう)を 飲(の)みません。

→

3 보기와 같이 문맥에 맞게 바꾸고 올바른 것에 동그라미 치세요.

보기 A：あなたは 飛行機(ひこうき)に（乗る → 乗った）ことが ありますか。

B：いいえ、(一度(いちど)だけ／一度も) ありません。

① A：あなたは テレビで 相撲(すもう)を (見(み)る → 　　　) ことが ありますか。

B：はい、(一度だけ／一度も) あります。

② A：あなたは すしを (食(た)べる → 　　　) ことが ありますか。

B：いいえ、(一度も／何度(なんど)も) ありません。

③ A：あなたは 日本語(にほんご)の 本(ほん)を (読(よ)む → 　　　) ことが ありますか。

B：はい、(一度も／何度も) あります。

④ A：あなたは さいふを (なくす → 　　　) ことが ありますか。

B：いいえ、(一度だけ／一度も) ありません。

Exercises

1 아래의 표를 완성하세요.

	おいしいです	おいしそうです	おいしいそうです
イ형용사	たのしいです		
	こわいです		
	さびしいです		
	いそがしいです		
	きぶんが わるいです		
	からだに いいです		
	じかんが ないです		
ナ형용사	きれいです		
	しずかです		
	げんきです		
	じょうぶです		
동사	わらいます		
	なきます		
	おこります		
	こわれます		
	おちます		
	さきます		
	できます		

2 보기와 같이 빈 칸에 들어갈 말을 아래에서 골라 알맞게 바꿔 보세요.

보기 A：あの ケーキを 見(み)て ください。

B：うわー、おいしそうです。

① A：どうしましたか。 ______

B：ええ、昨日(きのう) 2時(にじ)まで 友達(ともだち)と お酒(さけ)を 飲(の)みました。

② A：この キムチ、 ______

B：いいえ、おいしい キムチは 甘(あま)いです。

③ A：ここに 車(くるま)を とめても いいですか。お店(みせ)の 人(ひと)が ______

B：大丈夫(だいじょうぶ)です。車の前(まえ)で 待(ま)ってます。

④ A：すみません。さいふが ______

B：あ、どうも ありがとうございます。

おいしいです（取り消し線）	からいです	おこります
おちます	きぶんが わるいです	

3 보기와 같이 빈 칸에 조사를 넣고, 동사를 알맞게 바꿔 보세요.

보기 10時(じゅうじ) に 会(あ)う → 会いましょう。

① タクシー ___ 乗(の)る → ______

② 図書館(としょかん) ___ 勉強(べんきょう)する → ______

③ 一緒(いっしょ)に 学校(がっこう) ___ 行(い)く → ______

④ 辞書(じしょ) ___ 使(つか)う → ______

1 아래의 표를 완성하세요.

イ형용사	楽しい	楽しいです	楽しくないです	楽しくなります	楽しくなりません
		多いです			
			暖かくないです		
				安くなります	
					よくなりません
ナ형용사	きれい				
		有名です			
			便利じゃないです		
				幸せになります	
					暇になりません
명사	大学生				
		医者です			
			春じゃないです		

2 보기와 같이 올바른 것에 동그라미 치세요.

보기 スイッチを 入(い)れると、[すずしいに / (すずしく)] なります。

① 春(はる)から [会社員(かいしゃいん)に / 会社員く] なります。

② 新(あたら)しい 洗濯機(せんたくき)は [静(しず)かに / 静かく] なりました。

③ この スーパーは 毎日(まいにち) 6時(ろくじ)から [安(やす)いに / 安く] なります。

④ テレビに 出(で)ると、[有名(ゆうめい)に / 有名く] なります。

3 보기와 같이 알맞은 문장을 만들어 보세요.

보기 スイッチを 入れます。/すずしいです。

→ スイッチを 入れると、すずしくなります。

① ボタンを 押(お)します。/温(あたた)かいです。

→

② 掃除(そうじ)を します。/部屋(へや)が きれいです。

→

③ お酒(さけ)を 飲(の)みます。/赤(あか)いです。

→

④ やさしい 人(ひと)に 会(あ)います。/好(す)きです。

→

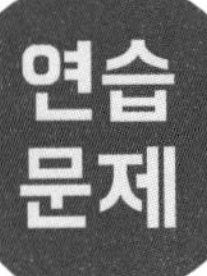

Exercises

1 아래의 표를 완성하세요.

1그룹	かきます	かく	かけます
		きく	
		いく	
		およぐ	
		はなす	
		まつ	
		あそぶ	
		よむ	
		つくる	
		かう	
2그룹		たべる	
		ねる	
		おしえる	
		みる	
		おきる	
3그룹		する	
		うんどうする	
		べんきょうする	
		くる	

2 보기와 같이 올바른 것에 동그라미 치세요.

보기 漢字(かんじ)が ┌ 読(よ)めます。(○)
　　　　　　　└ 読められます。

① 私(わたし)は ┌ 泳(およ)がれません。
　　　　　└ 泳げません。

② 昨日(きのう) レストランに 電話(でんわ)しましたが、┌ 予約(よやく)しられませんでした。
　　　　　　　　　　　　　　　　　　　└ 予約できませんでした。

③ 明日(あした)１０時(じゅうじ)に 学校(がっこう)に ┌ こられますか。
　　　　　　　　　　　　　└ きられますか。

④ 図書館(としょかん)が 終(お)わって、本(ほん)を ┌ 借(か)りられませんでした。
　　　　　　　　　　　　　　└ 借りませんでした。

3 보기와 같이 같은 의미의 문장을 만들어 보세요.

보기 漢字を 読むことが できます。

→ 漢字が 読めます。

① ここから 駅(えき)へ 行(い)くことが できますか。

→

② 図書館(としょかん)で 話(はな)すことが できません。

→

③ ここに 車(くるま)を とめることが できますか。

→

④ 私は 日本(にほん)の 料理(りょうり)を 作(つく)ることが できません。

→

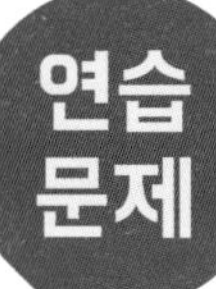

1 아래의 표를 완성하세요.

1그룹	かかなかったら	かく	かいたら	かいても
		いく		
		およぐ		
		のむ		
		あそぶ		
		のる		
		ある		
		かう		
		もつ		
		はなす		
2그룹		たべる		
		ねる		
3그룹		する		
		くる		

イ형용사	あつい	あつかったら	あつくなかったら	あつくても
	やすい			
	たのしい			
ナ형용사	きれい			
	しずか			
	ひま			

2 보기와 같이 올바른 것에 동그라미 치세요.

보기 お金(かね)が (あったら、) / あっても、 オーストラリアへ 行(い)きたいです。

① 暗(くら)かったら、 / 暗くても、 電気(でんき)を つけないで ください。

② 好(す)きだったら、 / 好きでも、 食(た)べても いいです。

③ 先生(せんせい)だったら、 / 先生でも、 わかりません。

④ エアコンを つけたら、 / つけても、 すずしくなりません。

3 보기와 같이 알맞은 문장을 만들어 보세요.

보기 お金が あります。/オーストラリアへ 行きたいです。

→ お金が あったら、オーストラリアへ 行きたいです。

① お酒(さけ)を 飲(の)みます。/運転(うんてん)しないで ください。

→

② 安(やす)いです。 /買(か)います。

→

③ 子供(こども)です。 /お金を 払(はら)わなくても いいです。

→

④ 静(しず)かじゃありません。/寝(ね)られません。

→

Exercises

1 아래의 표를 완성하세요.

1그룹	かきなさい	かく	かくな	かけ
		いく		
		いそぐ		
		のむ		
		あそぶ		
		のる		
		すう		
		まつ		
		はなす		
2그룹		たべる		
		にげる		
		ねる		
3그룹		する		
		がまんする		
		くる		

10 音楽を聞きながら自転車に乗ってはいけません。음악을 들으면서 자전거를 타서는 안 됩니다.

2 보기와 같이 올바른 것에 동그라미 치세요.

보기 信号(しんごう)が 赤(あか)に なる。 ─ (急(いそ)げ。) / 急ぐな。

① あ！犬(いぬ)が 来(く)る。 ─ 逃(に)げろ。 / 逃げるな。

② ここは 図書館(としょかん)。携帯電話(けいたいでんわ)を ─ 使(つか)え。 / 使うな。

③ 明日(あした)の テスト ─ 頑張(がんば)れ。 / 頑張るな。

3 그림을 보고 보기와 같이 알맞은 문장을 만들어 보세요.

보기

音楽(おんがく)を 聞(き)きながら
自転車(じてんしゃ)に 乗(の)ります。

① ② ③ ④

①

②

③

④

1 아래의 표를 완성하세요.

1그룹	あいます	あう	あおう
		いう	
		かく	
		およぐ	
		はなす	
		まつ	
		あそぶ	
		のむ	
		のる	
2그룹		たべる	
		にげる	
		ねる	
		いる	
3그룹		する	
		がまんする	
		くる	

2 보기와 같이 올바른 것에 동그라미 치세요.

보기 A：週末(らいしゅう)は 何(なに)を しますか。
B：図書館(としょかん)に [行(い)く / (行こう)] と 思(おも)って います。

① A：明日(あした) テスト ありますか。
B：明日は 授業(じゅぎょう)を [する / しよう] と 思って います。

② A：たけしさん、いますか。
B：もうすぐ [来(く)る / 来(こ)よう] と 思います。

③ A：週末(しゅうまつ) テニスを しますか。
B：でも、週末は [寒(さむ)くなる / 寒くなろう] と 思いますが…。

3 보기와 같이 같은 의미의 문장을 만들어 보세요.

보기 明日 図書館に 行く つもりです。

→ 明日 図書館に 行こうと 思って います。

① 来月(らいげつ)から コンビニで アルバイトを する つもりです。

→

② 妹(いもうと)は 将来(しょうらい) 医者(いしゃ)に なる つもりです。

→

③ 50歳(ごじゅっさい)に なったら、いろいろな 国(くに)を 旅行(りょこう)する つもりです。

→

④ 時間(じかん)が あったら 子供(こども)と 遊(あそ)ぶ つもりです。

→

1 아래의 표를 완성하세요.

1그룹	わらわれます	わらいます	わらう
			つかう
			きく
			こわす
			まつ
			よぶ
			よろこぶ
			ぬすむ
			ふむ
			しかる
			とる
2그룹			たべる
			にげる
			まちがえる
			たすける
			ほめる
3그룹			する
			はんたいする
			しょうたいする
			くる

2 보기와 같이 빈 칸에 알맞은 조사를 넣으세요.

보기 泥棒(どろぼう) は おまわりさん に 捕(つか)まえられました。

① 友達(ともだち)（　）私(わたし)の 辞書(じしょ)（　）使(つか)いました。

② 姉(あね)（　）母(はは)（　）叱(しか)られました。

③ 私（　）子供(こども)（　）コンピューター（　）壊(こわ)されました。

④ 男(おとこ)の人(ひと)（　）おばあさん（　）助(たす)けました。

3 보기와 같이 같은 의미의 문장을 만들어 보세요.

보기 おまわりさんは 泥棒(どろぼう)を 捕(つか)まえました。

→ 泥棒は おまわりさんに 捕まえられました。

① 弟(おとうと)が 私の アイスクリームを 食(た)べました。

→

② 父(ちち)が 私を 起(お)こしました。

→

③ 社長(しゃちょう)が 私を 呼(よ)びました。

→

④ 男の人が 私の かさを 盗(ぬす)みました。

→

1 아래의 표를 완성하세요.

	わらわせます	わらいます	わらう
1그룹			はらう
			なく
			はなす
			たつ
			よぶ
			よろこぶ
			たのしむ
			のむ
			おこる
			とる
2그룹			たべる
			あつめる
			おぼえる
			かんがえる
			あける
3그룹			する
			びっくりする
			しんぱいする
			くる

2 보기와 같이 빈 칸에 알맞은 조사를 넣고, 동사를 알맞은 형태로 고쳐 보세요.

보기 先生(せんせい)は 学生(がくせい) [に] かばん [を] (持(も)ちます → 持たせます。)

① 先生は 学生 [ ] (座(すわ)りました→)

② 母親(ははおや)は 子供(こども) [ ] 学校(がっこう) [ ] (行(い)きます→)

③ 私(わたし)は 妹(いもうと) [ ] ご飯(はん) [ ] (食(た)べました→)

④ 兄(あに)は いつも 両親(りょうしん) [ ] (心配(しんぱい)する→)

3 보기와 같이 그림을 보고 알맞은 문장을 만들어 보세요.

보기

すみませんが、早(はや)く 帰(かえ)らせて ください。

① 車(くるま)/とめる

② 打(う)つ

③ 写真(しゃしん)/とる

④ 座(すわ)る

① すみませんが、

② すみませんが、

③ すみませんが、

④ すみませんが、

1 아래의 표를 완성하세요.

<table>
<tr><th>존경</th><th>보통</th><th>겸양</th></tr>
<tr><td rowspan="2"></td><td>食(た)べます</td><td rowspan="2"></td></tr>
<tr><td>飲(の)みます</td></tr>
<tr><td></td><td>見(み)ます</td><td></td></tr>
<tr><td></td><td>言(い)います</td><td></td></tr>
<tr><td rowspan="3">보기 いらっしゃいます</td><td>行(い)きます</td><td rowspan="2"></td></tr>
<tr><td>来(き)ます</td></tr>
<tr><td>います</td><td></td></tr>
<tr><td></td><td>会(あ)います</td><td></td></tr>
<tr><td></td><td>くれます</td><td></td></tr>
<tr><td></td><td>あげます</td><td></td></tr>
<tr><td></td><td>もらいます</td><td></td></tr>
<tr><td></td><td>聞(き)きます</td><td rowspan="2"></td></tr>
<tr><td></td><td>訪問(ほうもん)します</td></tr>
<tr><td></td><td>知(し)っています</td><td></td></tr>
<tr><td></td><td>知(し)りません</td><td></td></tr>
<tr><td></td><td>します</td><td></td></tr>
</table>

2 보기와 같이 알맞은 문장을 만들어 보세요.

보기　ジナさんは 音楽(おんがく)を 聞(き)きます。　→　聞かれます。

① 加藤(かとう)さんは キムチを 食(た)べますか。　→

② 先生(せんせい)は 10時(じゅうじ)に 帰(かえ)った そうです。　→

③ 今日(きょう)は 何時(なんじ)まで 働(はたら)く つもりですか。　→

④ 先生は 日曜日(にちようび)に テニスを します。　→

⑤ いつ 日本(にほん)へ 来(き)ましたか。　→

3 보기와 같이 알맞은 답을 고르세요.

보기　A：すみません、社長(しゃちょう)は（**いらっしゃいますか**／ おりますか）。
B：はい、少(すこ)し お待(ま)ち ください。

① A： 先生に（さしあげた ／ いただいた）本(ほん)、とても おもしろかったです。
どうも ありがとうございました。

B： いいえ、どういたしまして。

② A： 社長、今朝(けさ)の 新聞(しんぶん)を（ご覧(らん)になりました ／ 拝見(はいけん)しました）か。

B： 見(み)ました。すぐに アメリカの 会社(かいしゃ)に 電話(でんわ)を して ください。

③ A： 韓国(かんこく)の お菓子(かし)です。（召(め)し上(あ)がって ／ いただいて）ください。

B： ありがとうございます。とても おいしそうですね。

④ A： 私(わたし)は アメリカから（いらっしゃいました ／ 参(まい)りました）
トミーと 申(もう)します。どうぞ よろしく お願(ねが)いします。

B： 私は 松本(まつもと)です。こちらこそ どうぞ よろしく。

동사 카드

♥ 오려서 사용하세요^^

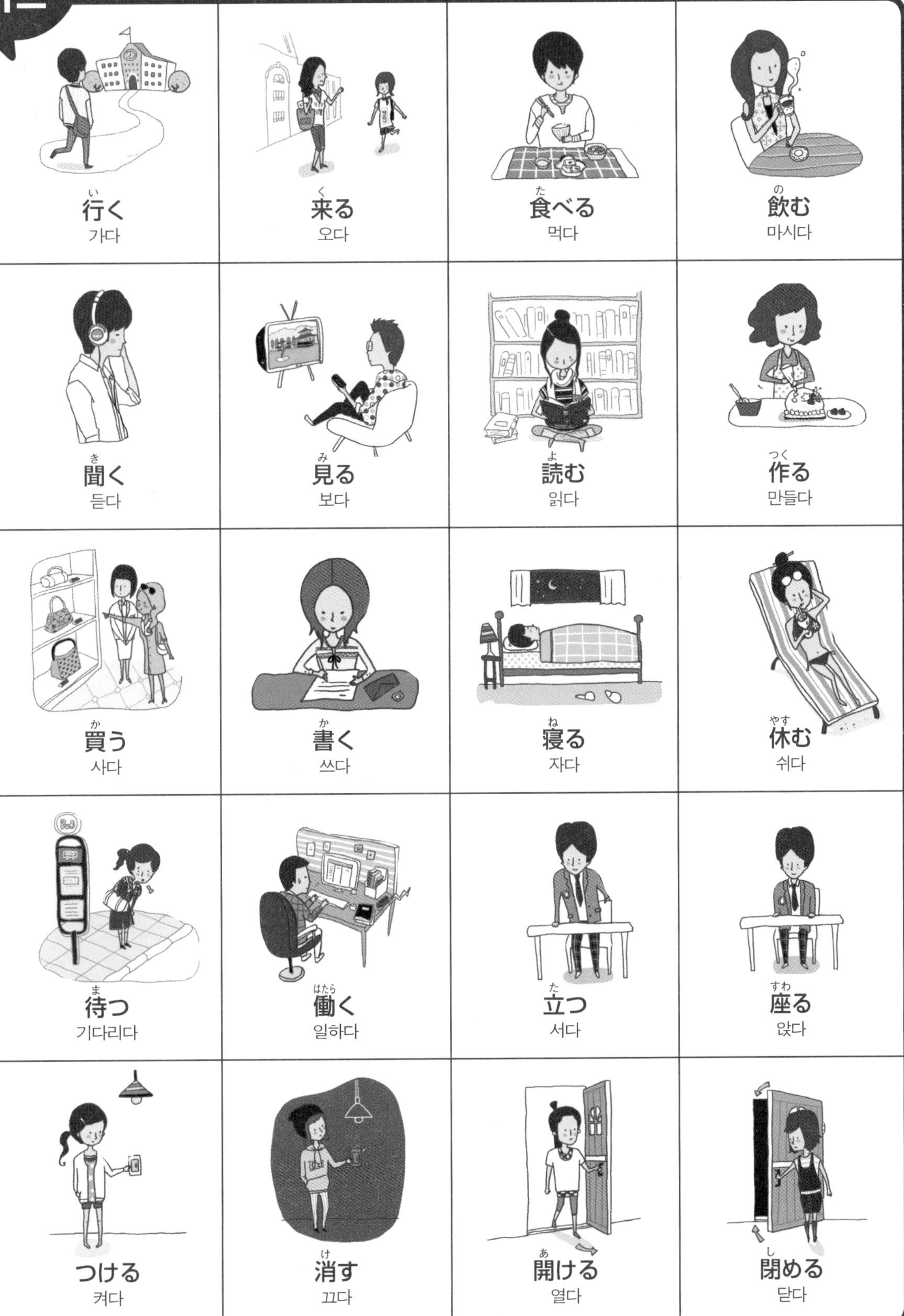

동사 카드

♥ 오려서 사용하세요^^

泳(およ)ぐ
수영하다

歌(うた)う
노래하다

呼(よ)ぶ
부르다

入(はい)る
들어가다(오다)

考(かんが)える
생각하다

ひく
(악기를) 치다, 켜다

吸(す)う
(담배를) 피우다

洗(あら)う
씻다

覚(おぼ)える
기억하다

忘(わす)れる
잊어버리다

笑(わら)う
웃다

泣(な)く
울다

拾(ひろ)う
줍다

捨(す)てる
버리다

叱(しか)る
혼나다

ほめる
칭찬하다

おく
놓다

なくす
잃다, 분실하다

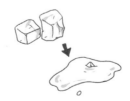

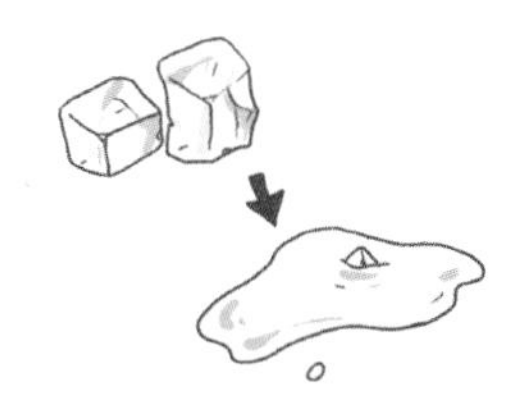

変(か)わる
변하다, 바뀌다

帰(かえ)る
돌아가다

동양북스 추천 교재

일본어 교재의 최강자, 동양북스 추천 교재

회화 코스북

일본어뱅크 다이스키
STEP 1·2·3·4·5·6·7·8

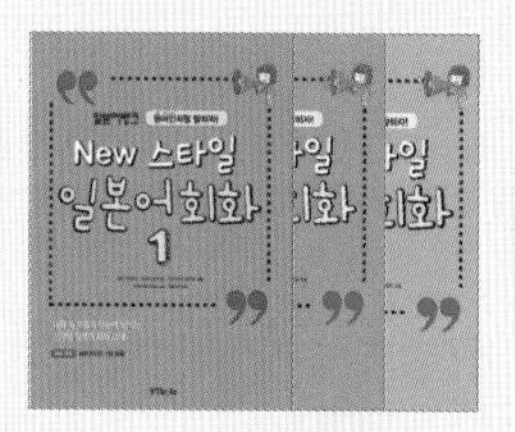

일본어뱅크
New 스타일 일본어 회화
1·2·3

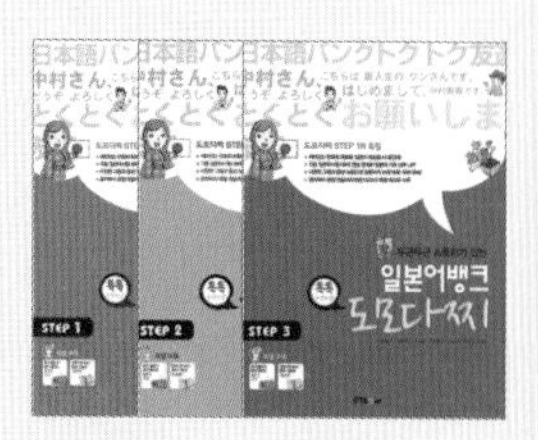

일본어뱅크 도모다찌
STEP 1·2·3

분야서

일본어뱅크
NEW 스타일 일본어 문법

일본어뱅크
일본어 작문 초급

일본어뱅크
사진과 함께하는
일본 문화

일본어뱅크
항공 서비스 일본어

가장 쉬운 독학
일본어 현지회화

수험서

일취월장 JPT
독해 · 청해

일취월장 JPT
실전 모의고사 500 · 700

新일본어능력시험
실전적중 문제집 문자 · 어휘 N1 · N2
실전적중 문제집 문법 N1 · N2

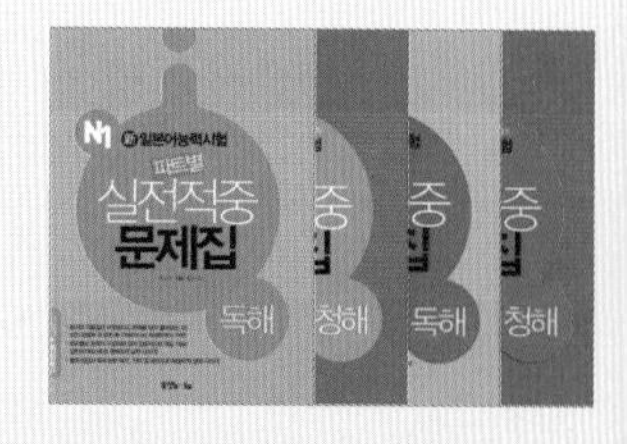

新일본어능력시험
실전적중 문제집 독해 N1 · N2
실전적중 문제집 청해 N1 · N2

단어 · 한자

특허받은
일본어 한자 암기박사

일본어 상용한자 2136
이거 하나면 끝!

일본어뱅크
New 스타일 일본어 한자 1 · 2

가장 쉬운 독학
일본어 단어장

중국어 교재의 최강자, 동양북스 추천 교재

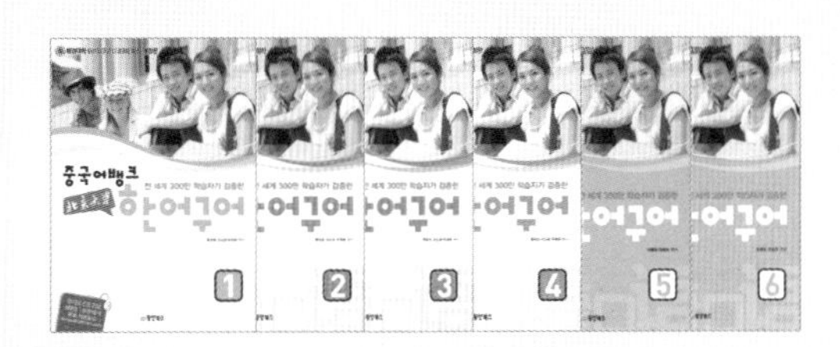

중국어뱅크 북경대학 한어구어
1·2·3·4·5·6

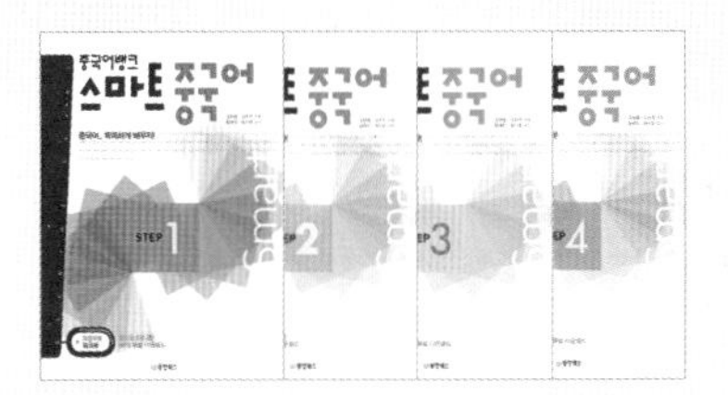

중국어뱅크 스마트중국어
STEP 1·2·3·4

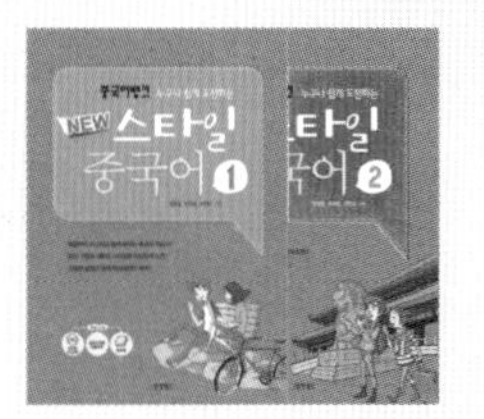

중국어뱅크 뉴스타일중국어
STEP 1·2

중국어뱅크
문화중국어 1·2

중국어뱅크
관광 중국어 1·2

중국어뱅크
여행 중국어

중국어뱅크
호텔 중국어

중국어뱅크
판매 중국어

중국어뱅크
항공 서비스 중국어

중국어뱅크
의료관광 중국어

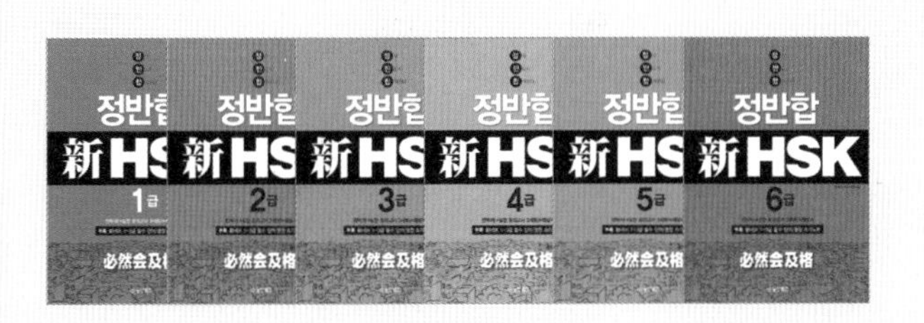

정반합 新HSK
1급·2급·3급·4급·5급·6급

버전업! 新HSK 한 권이면 끝
3급·4급·5급·6급

버전업! 新HSK VOCA 5급·6급

가장 쉬운 독학 중국어 단어장

중국어뱅크
중국어 간체자 1000

특허받은
중국어 한자 암기박사